Pastoral dos Surdos
rompe desafios e abraça os sinais do Reino na Igreja do Brasil

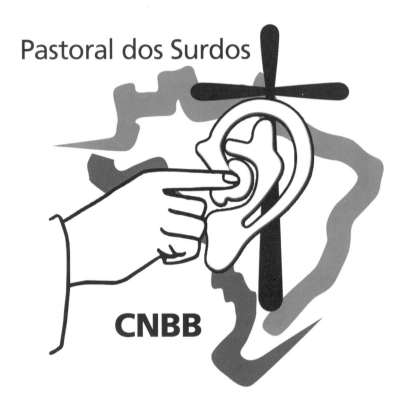

PASTORAL DOS SURDOS

Pastoral dos Surdos
rompe desafios e abraça os sinais
do Reino na Igreja do Brasil

"Ide por todo o mundo e pregai o Evangelho a toda criatura"
(Mt 16,15)

Dados Internacionais de Catalogação na Publicação (CIP)
(Câmara Brasileira do Livro, SP, Brasil)

Conferência Nacional dos Bispos do Brasil. Regional Sul 2. Pastoral dos Surdos

Pastoral dos Surdos rompe desafios e abraça os sinais do Reino na Igreja do Brasil / Pastoral dos Surdos. – São Paulo : Paulinas, 2006

ISBN 85-356-1697-7

1. Igreja - Trabalho com surdos - Brasil - Igreja Católica I. Título.

05-9364 CDD-261.832420981

Índice para catálogo sistemático:
1. Pastoral dos Surdos : Igreja Católica : Brasil 261.832420981

Direção-geral: *Flávia Reginatto*
Editora responsável: *Vera Ivanise Bombonatto*
Copidesque: *Anoar Jarbas Provenzi*
Coordenação de revisão: *Andréia Schweitzer*
Revisão: *Ana Cecilia Mari e Marina Mendonça*
Direção de arte: *Irma Cipriani*
Gerente de produção: *Felício Calegaro Neto*
Produção de arte e capa: *Andrés Simón*

Nenhuma parte desta obra poderá ser reproduzida ou transmitida por qualquer forma e/ou quaisquer meios (eletrônico ou mecânico, incluindo fotocópia e gravação) ou arquivada em qualquer sistema ou banco de dados sem permissão escrita da Editora. Direitos reservados.

Paulinas
Rua Pedro de Toledo, 164
04039-000 – São Paulo – SP (Brasil)
Tel.: (11) 2125-3549 – Fax: (11) 2125-3548
http://www.paulinas.org.br – editora@paulinas.org.br
Telemarketing e SAC: 0800-7010081
© Pia Sociedade Filhas de São Paulo – São Paulo, 2006

Apresentação

A Pastoral dos Surdos é a ação da Igreja que tem como princípio e fundamento a própria ação do Cristo relatada no evangelho de Marcos:

> Trouxeram-lhe um surdo, pedindo que lhe impusesse as mãos. Levando-o à parte, longe da multidão, colocou-lhe os dedos nos ouvidos, cuspiu e lhe tocou a língua com saliva. Levantou os olhos para o céu, suspirou e disse: *Effatá*, que quer dizer: Abre-te. Imediatamente os ouvidos dele se abriram, soltou-se a língua e ele começou a falar perfeitamente (Mc 7,32-35).

A mesma dignidade dada por Jesus é agora assumida pela Igreja que, como presença e testemunho do Cristo, quer continuar sua missão, levando a Boa-Nova a toda criatura (Mc 16,15).

As mesmas palavras pronunciadas pelo Cristo se tornam agora, em 2006, motivo de celebração e festa. O mesmo *Effatá* continua pelos séculos a ecoar na vida de surdos e surdas do mundo inteiro, que revivem e atualizam o milagre perto da Galiléia. E temos muito por que se alegrar neste ano jubilar. Nossas comunidades de surdos do Rio de Janeiro e de Campinas celebram seu jubileu de prata, mostrando a todos que a perseverança é a mãe de todas as virtudes. Celebramos todos os surdos e surdas, ouvintes intérpretes e benfeitores, familiares e amigos que fizeram esses vinte e cinco anos se tornarem uma história de amor pelos surdos. É impossível expressar a gratidão por todas as graças recebidas nesta caminhada da Pastoral no Brasil. São nomes e lugares especiais que no silêncio e nos bastidores da história deram sua vida pela causa dos surdos. Que Deus os abençoe e os recompense.

Celebrar a Pastoral dos Surdos no Brasil é atualizar a missão de Jesus, que nos ensina a olhar para a frente aprendendo do passado, e continuar a abrir os olhos e ouvidos do mundo para que conheçam a mensagem de amor, o Evangelho da paz anunciado pelo Cristo.

Queremos celebrar também um momento especial da jornada da Pastoral no Brasil, quando comunidades começam a se fortalecer, outras a nascer e assim vemos aumentar o número de leigos e leigas, religiosos e religiosas, padres e bispos que se engajam nesse pastoreio. Cada vez mais vem crescendo o número de mãos que gesticulam e constroem a linguagem de sinais, tornando a cultura surda mais próxima e mais compreendida.

Queremos ver Jesus nas mãos dos surdos e intérpretes que se tornam instrumentos de Deus e levam a todos o projeto do Reino de justiça e solidariedade, rompendo com os preconceitos e discriminações.

Queremos celebrar, enfim, a Campanha da Fraternidade, que nos convida a partilharmos nossas deficiências, como pessoas que precisam uma das outras, isto é, como irmãos, fraternos e solidários em nossas misérias.

Este livro quer ser essa primeira partilha do *Effatá* de Jesus. Queremos abrir nossas experiências e mostrar nossas lutas e conquistas. De maneira alguma esses escritos esgotam a realidade dos surdos, mas eles são um pequeno início de muitas experiências que poderão ser partilhadas nas nossas comunidades.

Celebremos a Pastoral dos Surdos, pois nela queremos ver Jesus, Caminho, Verdade e Vida.

Padre Ricardo Hoepers
Secretário Nacional da Pastoral dos Surdos

Introdução

> "A esperança sempre nos aguilhoa
> e nos diz que amanhã será melhor."[1]

O ouvinte tem mais facilidade para se integrar na sociedade e daí os contatos vão crescendo, sempre, e a integração cada dia se torna maior, quase que automaticamente.

Os surdos, embora sejam pessoas normais, sofrem rejeição social única e exclusivamente porque são surdos.

Já houve tempo em que atos de segregações tomavam conta do mundo, excluindo pessoas por credos religiosos, cor, deficiências físicas (surdos, cegos, paraplégicos, hansenianos [leprosos]), deficiências mentais (portadores da síndrome de Down) e outros, muitos outros não "perfeitos".

Muita coisa melhorou no mundo e, por extensão, também no Brasil, onde o surdo hoje pode conseguir um emprego oferecido por empresas em cumprimento de determinação legal. Se não houvesse isso, por certo muitos surdos e outras pessoas com deficiência estariam ainda desempregados.

O interesse pela melhoria de vida dos surdos é hoje mais visível graças principalmente às instituições religiosas que estão se desenvolvendo no sentido da integração social, uma das metas mais cruciais dos surdos.

Somos portadores de cinco sentidos. Quando perdemos um deles, queira ou não, nosso modo de vida muda, às vezes um pouco, outras muito, mas é certo que precisamos saber como lidar com isso. Em outras palavras, precisamos saber como vamos administrar nossa vida com a falta de um dos sentidos.

---

[1] Álbio Tibulo, Pensamento (poeta italiano – 54-18 a.C.).

Os cegos vivem de um jeito, surdos de outro e paraplégicos de outro. Será que se adaptaram facilmente a um novo modo de vida? Sim, com algumas restrições para os que nasceram deficientes. Mas uma integração total não é tão fácil. Todos têm limites em suas ações, por uma causa ou por outra, e vão suportando. Mas quando uma causa é de maior gravidade, como uma anormalidade física ou sensorial, essa não é recebida com risos, nem festas.

Sofrer não faz parte das pretensões dos seres humanos. Se uma situação não tem jeito, então é necessário criar um modo de conviver com o problema.

Segundo o provérbio popular, "o que não tem remédio, remediado está". Então a surdez tem remédio? Tem sim! Um é aceitá-la, viver bem com ela, estar com pessoas iguais, dividindo prazeres ou dissabores. Ver filmes com legenda, coisa que antigamente não era possível, traz bom conforto e aprendizado aos surdos.

E há ainda muita coisa criada em favor dos surdos, como escolas especializadas, faculdades, lojas e muitos outros lugares com intérpretes. Se o surdo quiser dirigir um carro ou uma moto, a lei hoje permite.

Viram quanto "remédio" há?

Esses "remédios" não curam a surdez, mas a tornam menos árida.

A epígrafe que citei, de um poeta italiano, fala que a esperança sempre nos "aguilhoa", quer dizer, nos estimula ou nos cutuca, para dizer que o "amanhã" será melhor. É um pensamento que quase todos aplicam ou já aplicaram um dia, quando as coisas não andam bem. É equivalente a dizer que, "se Deus quiser, amanhã vai ser melhor". Por que dizem isso? Porque acreditam ou têm esperanças que realmente amanhã, ou talvez em um outro dia, tudo vai melhorar. Ninguém ousa falar, com fé e confiança, "que amanhã vai ser pior".

Mas não basta ter esperança. Se alguém deseja um emprego, precisa procurar, estar preparado para o trabalho e ter esperança, ter fé, pois, se quiser dinheiro, deve lembrar que dinheiro não cai do céu.

E as pastorais estão aí, de portas abertas para os surdos. Aliás, não só para eles, mas também para seus familiares e amigos. As pastorais estão preparadas para dar aos surdos conselho, orientação, suporte religioso, crença em Deus, integração social, intérpretes, trabalho comunitário e acima de tudo carinho, muito carinho, e fazer com que eles se sintam em casa.[2]

Apresentamos aqui muitas informações que podem ser de interesse especialmente das pessoas surdas, não só para conhecer a origem de suas lutas, como também para procurar mostrar que há tempo já existe uma preocupação com os deficientes auditivos.

A França, sem dúvida alguma, tem presença marcante no trabalho em prol dos surdos; demonstrou ser, no século XVIII, a mais interessada nessa luta, quando então os surdos viviam isolados da sociedade, rejeitados, sem escolas, trabalho, atenção, carinho e não eram tratados como humanos, embora fossem tão-somente surdos.

A difícil jornada em defesa dos surdos contou com a firme pretensão do Padre francês Pierre Bonhomme, da Congregação das Irmãs de Nossa Senhora do Calvário, da Pequena Missão para os Surdos, das pastorais, instituições escolares, associações, leigos e sacerdotes. Entre tantos outros citados neste trabalho, estão os nossos conhecidíssimos Padre Eugênio Oates, americano, e Monsenhor Vicente Burnier, brasileiro.

A presente explanação tem seu alicerce colhido em livros, folhetos, fotos, informações verbais e da internet, um trabalho lastreado em pesquisas. Tendo em vista que quando tentamos conhecer fatos históricos nem sempre conhecemos a realidade, sobretudo em razão do longo tempo decorrido, pedimos desculpas pelos erros e omissões. A luta em prol dos surdos tem estórias e histórias.

---

[2] Até aqui, comentário de João Domingos Paque, Campinas (SP).

Capítulo 1

Retrospectiva histórica

Para compreendermos a relevância da Pastoral dos Surdos na Igreja do Brasil, hoje, é importante retomarmos a história do sujeito surdo, qual a visão em relação a sua pessoa, seus sofrimentos e conquistas no decorrer dos tempos. Para isso, propomos, antes de aprofundarmos a história da Pastoral dos Surdos, conhecermos de maneira breve a idéia que se fazia do sujeito surdo desde os primórdios da história da humanidade até os dias de hoje.

1.1 Os surdos na história da humanidade

Em torno de 2000 a 1500 a.C., os egípcios e as antigas leis judaicas já protegiam os surdos. Existia um sentimento humanitário, mas os surdos não tinham direito à educação.

Em Roma (493-482 a.C.) conheciam-se os diferentes graus de surdez, mas achava-se que os surdos de nascimento não poderiam ser educados.

Na Grécia antiga (384 a.C.) considerava-se o surdo incapaz de raciocinar e também insensível.

Na Espanha, em 1520, nasceu Pedro Ponce de Léon, que se tornou monge beneditino e conseguiu ensinar surdos a falar e ler os lábios do interlocutor. Ponce empregou também o método dactilológico, que já era usado em alguns mosteiros onde se exigia a regra do silêncio. É considerado o "Pai da Educação dos Surdos".

Em 1579, Rosselius escreveu *Theasaurus*, que seria um alfabeto manual italiano.

Quase quarenta anos depois da morte de Ponce de Léon, Juan Pablo Bonet publicou *Redução das letras e a arte para ensinar a falar os mudos*. Ele é considerado um dos primeiros defensores da metodologia oralista. Seu método era baseado na aprendizagem do alfabeto manual através de sua forma escrita e dos respectivos sons, partindo de estruturas simples para estruturas gramaticais mais complexas. Nesse processo, a dactilologia ocupava um papel importante e os sinais se incorporavam na comunicação para clarear o significado da palavra.

Nessa mesma época, surgiram nobres da Inglaterra, John Bulwer e George Dalgarno, que desenvolveram estudos sobre surdos e seus problemas.

Num livro, Bulwer afirma que a pessoa surda poderia se expressar corretamente com sinais e aborda outras questões dos problemas que a surdez acarreta numa família.

Dalgarno publicou um livro sobre a educação de surdos. Nessa obra o autor escreveu sobre a possibilidade de uma linguagem universal. Suas bases educativas têm um ar moderno e inovador. A dactilologia ocupava um ponto central em sua metodologia, a partir do qual o aluno surdo deveria aprender os sons, as palavras, a leitura e a escrita. Deveria ser uma aprendizagem graduada, em contato com pessoas qualificadas e aproveitando situações para a ampliação de vocabulário.

Na França, teve grande destaque o Abade Charles de L'Epée (1712-1789), a figura mais relevante da educação de surdos do século XVIII, criador do alfabeto manual – uma das formas mais bem-sucedidas de comunicação entre os surdos. Fundou em Paris a primeira escola pública para os surdos, em 1760. L'Epée começou a aprender a linguagem de sinais e a utilizava como meio de ensinar a língua e a cultura francesas para os surdos. Seu objetivo era que os surdos aprendessem a ler e escrever em francês. Utilizava indicações temporais (presente/passado/futuro). Inventou alguns sinais para expressar artigos, preposições e conjunções. Ele criava os sinais junto com os surdos. Publicou um dicionário de sinais que foi completado pela teoria dos sinais do Abade Roch Sicard, em 1818.

Em contrapartida, na mesma época de L'Epée, Samuel Heinick (1729-1789) desenvolvia na Alemanha um método com enfoque exclusivamente oralista. Nesse método somente a palavra era o veículo da comunicação utilizada por alunos surdos. Excluía qualquer outro método.

Esses dois educadores, L'Epée e Heinick, trouxeram contribuições inestimáveis no que se refere ao direito à educação de toda criança surda.

Por outro lado, marcaram o início da controvérsia sobre métodos, a qual se estende até os dias atuais.

O Abade Sicard, que havia dirigido uma escola de surdos, foi chamado para suceder L'Epée na direção do novo Instituto Nacional para Surdos-Mudos de Paris. Interessou-se em dar aos surdos maior compreensão do significado concreto em que uma determinada expressão aparecesse. Sicard esteve na Inglaterra explicando o método francês de ensinar os surdos e conheceu Thomas Hopkins Gallaudet, professor americano de surdos, que tinha sido mandado à Europa com a finalidade de aprender um método para ensinar os surdos. Sicard ofereceu-se para ensinar Gallaudet, com dois de seus discípulos, Massieu e Clero, professores surdos que trabalhavam também no Instituto de Paris.

Gallaudet voltou para os Estados Unidos com Clero e fundou em Hartford, em 1917, a Casa Americana para a Educação e Instrução de Surdos-Mudos. Utilizavam tanto o inglês sinalizado (apoiado nos sinais metódicos de L'Epée) como os sinais americanos. Clero ensinou a todos os professores a língua dos sinais.

Atualmente Gallaudet empresta seu nome à única universidade para surdos no mundo, em Washington, nos Estados Unidos.

Em meados do século XX, grandes avanços tecnológicos apareceram. Alexandre Graham Bell inventou o telefone e junto vieram os princípios da amplificação eletrônica do som, o audiômetro, as próteses auditivas e o surgimento da audiologia, tendo tudo isso uma grande influência para a educação dos surdos.

Ao longo de cento e dez anos (1850-1960) o que prevaleceu, no mundo, foi o método alemão do oralismo. Aos poucos os estudos mostraram a importância da língua de sinais para os surdos e como ela poderia contribuir no desenvolvimento integral da pessoa surda, pois trata-se de sua língua materna. Para ter uma idéia, somente em 2002 a Língua Brasileira de Sinais (LIBRAS) foi reconhecida oficialmente, por meio da lei n. 10.436, como a língua das comunidades surdas.

No Brasil, a educação dos surdos teve seu início em 1855, com a vinda do professor francês Ernesto Huet, surdo, que fundou no Rio de Janeiro o atual Instituto Nacional de Educação dos Surdos (INES), no dia 26 de setembro de 1857. Este Instituto incluía o ensino da Doutrina Cristã.

No ano de 1946, Padre Eugênio Oates percorreu o país em um trabalho religioso com os surdos. Em 1951, foi ordenado o primeiro padre surdo no

Brasil, Vicente Burnier.[1] Foi com a contribuição desses sacerdotes, religiosos e religiosas de várias escolas católicas para surdos que a Pastoral dos Surdos teve início no Brasil.

1.2 História da Pastoral dos Surdos no Brasil[2]

Para conhecermos o início da Pastoral dos Surdos no Brasil, é necessário voltar nosso olhar para a história. São vários envolvidos: congregações religiosas, ex-alunos de escolas para surdos, padres etc., que juntos construíram essa história. Destacamos a seguir pessoas e instituições importantes, que lutaram a fim de encontrar uma melhor forma de vida para os surdos, superando o abandono e o descaso e contribuindo para o surgimento da Pastoral dos Surdos no Brasil, e que até hoje motivam e inspiram o trabalho pastoral.

1.2.1 Padre Pierre Bonhomme

Padre Pierre Bonhomme nasceu na França (Gramat-Lot, na região de Quercy) no dia 4 de julho de 1803; ordenou-se sacerdote em 23 de dezembro de 1827; tornou-se pároco e missionário diocesano em 1832; faleceu em 9 de setembro de 1861; foi beatificado em 2003.

Em suas missões, tinha especial atenção para com as pessoas surdas. Começou a se preocupar com a dificuldade que elas tinham em se comunicar e com o isolamento em que viviam em relação à sociedade.

Em plena missão, em 1846, teve uma afonia total da voz. Como não podia falar, passou a comunicar-se por escrito. Foi obrigado a renunciar às pregações e procurar tratamento médico em Paris, onde obteve uma melhora real, mas não tão notável quanto esperava.

Percebeu então o grande problema para se comunicar oralmente. Lembrou-se então das dificuldades dos surdos, pois, além de serem

---

[1] Até aqui, texto extraído de: Kalbermatter, Elen Herta Crivellaro & Ribeiro, Josira Maria Weber. *A importância da Educação Religiosa para a formação Global do DA*. Curitiba, UFPR, 1991 (Monografia apresentada no Curso de Especialização em Educação Especial do Departamento de Teoria de Fundamentos da Educação), complementado com dados da Pastoral dos Surdos do Brasil.

[2] Tudo que apresentaremos a seguir, até o item 1.2.9, são textos compilados por Amélice Casalechi Paque, Coordenadora Nacional da Pastoral dos Surdos, Coordenadora da Pastoral Regional Sul 1 e Catequista da Igreja Divino Salvador de Campinas (SP).

surdos, não sabiam falar nem escrever. Viviam isolados do meio social, não tinham condições de cursar uma escola, não tinham trabalho e, por isso, eram rejeitados.

Mas só em 1854 Padre Bonhomme abriu a primeira escola para educação dos surdos, na cidade de Mayrinha-Lentour, sul da França. Logo no início foram matriculadas doze meninas surdas sob a responsabilidade de cinco Irmãs Calvarianas.

1.2.2 A Congregação das Irmãs de Nossa Senhora do Calvário

Padre Bonhomme, em 1833, fundou a Congregação das Irmãs de Nossa Senhora do Calvário, em Gramat, França, cujo objetivo inicial estava voltado às crianças pobres, aos idosos, aos deficientes, aos enfermos e, posteriormente, às pessoas surdas.

A chegada das Irmãs Calvarianas, em Campinas (SP), em 1909, é um marco ascendente até a oficialização da Pastoral dos Surdos. Logo se preocuparam com a situação em que se encontravam os surdos, sem amparo, abandonados e sem ter uma escola especializada.

Dom Francisco de Campos Barret, Bispo de Campinas, partilhou a mesma preocupação, indo ao encontro do carisma da congregação. A superiora, Irmã Inês, entusiasmada com a possibilidade de abrir uma escola para surdos, enviou à França duas irmãs brasileiras.

A Irmã Suzana Maria e a Irmã Madalena da Cruz fizeram quatro anos de estudos e depois regressaram. Com elas vieram mais duas irmãs francesas, Luiza dos Anjos e Maria João.

A instalação da escola deu-se em 15 de abril de 1929. Nela as alunas surdas de São Paulo e outros estados recebiam não só acolhimento, mas educação escolar e sobretudo religiosa.

1.2.3 Instituto Santa Teresinha

Em 18 de março de 1933, a escola foi transferida para São Paulo e passou a funcionar em prédios alugados, em bairros diferentes, tendo se instalado definitivamente, em 1937, no bairro Bosque da Saúde, na rua Samambaias n. 571. Atualmente se localiza à rua Jaguari, n. 474A, no mesmo bairro.

Em São Paulo, as Irmãs contaram ainda com a colaboração do capelão Frei Manoel Maria Wermers, da Ordem do Carmo, que ali ministrava aulas semanais de catequese.

E, assim, do Instituto Santa Teresinha, várias ex-alunas passaram a atuar como catequistas, dando suporte aos nossos objetivos colhidos em seminários e encontros, estudados e ditados pela Pastoral.

Há também casos de algumas religiosas surdas. Irmã Hilda Coelho Lemos, que foi a primeira aluna matriculada no Instituto Santa Teresinha em Campinas, encontra-se na Casa Provincial, em São Paulo; Irmã Mary Gimenes, no Instituto Nossa Senhora do Brasil, em Brasília; Irmã Maria Helena Burgos, no Colégio Sagrado Coração de Jesus, em Campinas; Irmã Maria Angélica Ortega, no Instituto Santa Teresinha; e Irmã Maria Mercedes Sarti Camargo, no Instituto Nossa Senhora da Lourdes, no Rio de Janeiro. Irmã Maria Lucia Marchini, que perdeu a audição aos 13 anos, encontra-se no Lar Escola Madre Cecília, de Campinas; Irmã Neusa de Mesquita Alves, ensurdecida aos 18 anos, foi a primeira catequista de surdos adultos e capacitada para ministrar cursos de preparação para batismo e casamento para surdos, com aprovação do Bispo Dom Antônio Celso Queiroz.

1.2.4 A Pequena Missão para Surdos

A Pequena Missão para Surdos nasceu em Bolonha, Itália, em 8 de julho de 1849, na Paróquia Santíssima Trindade durante a celebração da Festa do Coração Imaculado de Maria. Seu fundador foi Dom Giuseppe Gualandi, nascido em 1826 e falecido em 1907. O Monsenhor Vicente Burnier, quando se encontrava em Bolonha, em 1971, convidou padres e irmãs da Pequena Missão para Surdos a virem ao Brasil. Eles aceitaram o convite e estreitaram mais ainda os laços fraternais religiosos na luta por uma mesma causa: os surdos.

Atualmente a Pequena Missão para Surdos se encontra, além da Itália, nas Filipinas e aqui no Brasil, onde desenvolve suas atividades em Londrina e Cascavel (PR) e Campinas (SP).

Há bom entrosamento entre todas as instituições que têm interesses na integração social dos surdos. Padre Salvador Stragapede foi um dos fundadores do Centro Vocacional Gualandiano da Pequena Missão para Surdos, de Londrina (PR). Nessa instituição estão os Padres Sérgio, Nirceu,

Delci e João Adão, ligados intimamente à Pastoral dos Surdos, trabalhando nos seus objetivos propostos.

1.2.5 Filippo Smaldone

O "Apóstolo dos Surdos" nasceu em Nápoles, Itália, em 1848. Desde jovem demonstrou um carinho especial pelos pobres e crianças surdas.

Em 25 de março de 1885, na cidade de Lecce, fundou a Congregação das Irmãs Salesianas dos Sagrados Corações. Obedientes ao carisma do fundador, consagram-se a Deus no serviço dedicado à educação dos surdos. Hoje as Irmãs estão espalhadas na Itália, no Brasil e em países da África. Encontram-se no Brasil desde 1972, quando fundaram o primeiro instituto em Belém (PA). Aos poucos foram se estabelecendo em Brasília (DF), Riamola (GO) e Fortaleza (CE).

Em 12 de maio 1997, Filippo Smaldone foi beatificado pelo papa João Paulo II.

1.2.6 Escola Épheta

Da Escola Épheta, em Curitiba (PR), da Congregação Sociedade das Filhas do Coração de Maria, destacamos a Irmã Nydia Moreira Garcez. A religiosa está com 90 anos, e tornou-se surda aos 6 anos. Foi educadora e catequista; fundou a Escola Épheta para Surdos, em 1950, na capital paranaense.

Em sua obra *E os surdos ouvirão* demonstra de forma clara e didaticamente o resultado de sua experiência colhida em mais de trinta anos como catequista de surdos. No preâmbulo de sua obra (p. 12), afirma, no primeiro parágrafo, que "catequizar não é tarefa fácil"; e, no sexto parágrafo, que "cremos não estar exagerando ao dizer que a catequese aos deficientes auditivos é um verdadeiro desafio, bem maior que nas outras áreas de deficiências".

A Irmã Nydia alinha alguns meios para facilitar a comunicação, como o uso de projetores e cartazes, afirmando ser uma forma acertada para atingir os objetivos na catequese dos surdos.

Já avançamos muito em qualidade e aperfeiçoamento no ensino da catequese. Cada vez mais estamos aparelhados para atingir bom aproveitamento, pois além de melhores recursos pedagógicos, temos ainda o emprego da língua dos sinais e a colaboração de intérpretes.

1.2.7 Simpósios e sua importância

O I Simpósio do Brasil sobre catequese de surdos foi realizado em 1970 em Brasília, promovido pelo Monsenhor Vicente Burnier e Padre Eugênio; dele participou também o Padre espanhol Augustín Yanes, surdo, especialmente convidado para o evento.

Até o ano de 2005, foram realizados oito simpósios, seis no Brasil (Brasília, Belo Horizonte, Rio de Janeiro, São Paulo, Curitiba e Porto Alegre), um no Uruguai (Montevidéu) e outro na Argentina (Buenos Aires).

A Irmã Virgínia Barry, a Irmã Karen Kenny e o Padre David Ealsh, americanos, foram convidados como peritos a participarem dos simpósios, durante todo o ano de 1973. A Irmã Virgínia, a seguir, fixou residência em Recife (PE) e até nossos dias trabalha na Pastoral dos Surdos de Recife e Cabo (PE).

A presença de religiosos de outros países revela não só o interesse que eles têm pelos surdos brasileiros, como ainda o entusiasmo que demonstram pela causa dos surdos. A Irmã Virgínia é um exemplo. Sua opção de permanência entre nós demonstra as pretensões de aplicar seus conhecimentos, carinho e amor. Tantos outros religiosos brasileiros e estrangeiros fizeram o mesmo, ao longo da história; ainda hoje se consagram à luta em favor dos surdos. Aqui podemos incluir os Franciscanos, os Pavonianos e tantas religiosas e congregações femininas espalhadas por todo o Brasil.

1.2.8 Dois bandeirantes da Pastoral

Padre Eugênio e Monsenhor Burnier são considerados dois bandeirantes da Pastoral dos Surdos.

Padre Eugênio Oates, religioso americano, ouvinte, da Congregação do Santíssimo Redentor (CSSR), ou redentorista, chegou ao Brasil no ano de 1946. Iniciou seus trabalhos com surdos no Amazonas; permaneceu no Brasil por mais de trinta e três anos.

Monsenhor Vicente Penido Burnier, deficiente auditivo de nascença, brasileiro de Juiz de Fora (MG), nasceu em 2 de março de 1921; recebeu as ordens sacerdotais em 22 de setembro de 1951, sendo o primeiro sacerdote surdo do Brasil e o segundo na história da Igreja. Desenvolveu seu trabalho inicialmente com os surdos do Rio de Janeiro, ensinando catecismo no INES, e a seguir trabalhou nos estados de Minas Gerais, São Paulo, Paraná, Rio Grande do Sul e outros.

Ambos prestaram valiosa colaboração na elaboração do livro *Linguagem dos sinais do Brasil*, cujas idéia e sugestão nasceram em 1980, na Escola Especial Concórdia, luterana, especialmente para surdos, em Porto Alegre (RS).[3]

Em 1983, Padre Eugênio editou o livro *Linguagem das mãos*, com 1.258 sinais fotografados, reeditado várias vezes em razão da grande aceitação.[4]

1.2.9 Oficialização da Pastoral dos Surdos no Brasil

Oficialmente a Pastoral dos Surdos no Brasil teve início em 1950, sob o "impulso" do Padre Eugênio Oates e do Monsenhor Vicente Penido Burnier. Até os dias de hoje, foi uma longa e difícil caminhada de dedicação, doação e serviços aos surdos.

Como já mencionamos, em 15 de abril de 1929 foi fundada em Campinas a primeira instituição para surdos; ali foi lançada à terra a "sementinha" da Pastoral:

> Desde o final da década de 1940, a comunidade de surdos no Brasil buscou seu espaço na caminhada eclesial [...]. A história da Pastoral dos Surdos, com a ordenação do Monsenhor Vicente e do Padre Eugênio Oates, ganhou apoio de diversos carismas e congregações. Hoje somam mais de 200 comunidades de surdos no Brasil [...].[5]

---

[3] Participaram ainda, na elaboração desta obra, outros estudiosos, entre eles brasileiros, americanos e espanhóis.
[4] OATES, Eugênio. *Linguagem das mãos*. Aparecida, Santuário, 1994.
[5] CAMPANHA DA FRATERNIDADE DE 2006, *Texto-Base*, n. 56, p. 33.

Posteriormente, os sacerdotes Eugênio e Vicente receberam com satisfação o engajamento do Padre Wolmir Guizo, de Porto Alegre (RS), surdo; era uma força a mais nos objetivos da Pastoral, contribuindo assim para o engrandecimento da magnífica obra empenhada no bem-estar dos surdos.

Atualmente se encontra instalada em quase todos os estados do Brasil.

Capítulo 2

Surdos: uma perspectiva pastoral

A Igreja — Povo de Deus e comunidade de cristãos — está aberta a todos que desejam encontrar e seguir a mensagem salvífica de Jesus Cristo. Por ser comunidade, ela é inclusiva. Não só faz opção pelos empobrecidos, mas acolhe também os marginalizados e todas as pessoas com deficiência. Nesse sentido é que surge a Pastoral dos Surdos na Igreja Católica.

A Pastoral dos Surdos é formada por surdos de diferentes faixas etárias, por famílias constituídas, jovens e idosos. É uma comunidade aberta a todos. Junto da comunidade de surdos, estão sacerdotes e religiosas, ouvintes e intérpretes dedicados à evangelização, à catequese e às celebrações litúrgicas. Além da dimensão comunitária cristã, diversas atividades são realizadas, sempre visando ao crescimento, à inclusão e ao bem-estar dos surdos. Buscam-se caminhos alternativos e acima de tudo a transmissão da mensagem e do anúncio de Jesus Cristo, único Mediador junto ao Pai.

A Pastoral dos Surdos está diretamente engajada e inserida nas diretrizes das suas respectivas paróquias e dioceses e, ao mesmo tempo, orienta-se na linha de evangelização da Conferência Nacional dos Bispos do Brasil (CNBB).

2.1 Objetivos da Pastoral dos Surdos

Os principais objetivos da Pastoral dos Surdos são:
- Propiciar o conhecimento e a vivência da Boa-Nova de Jesus de Nazaré, através da evangelização atualizada para a vivência da fé integrada à vida e através da celebração comunitária da Palavra de Deus.

- Criar condições para que o surdo torne-se agente de evangelização da sua própria comunidade.
- Despertar e capacitar para a vivência de uma espiritualidade evangélica, segundo a proposta de Jesus Cristo, na construção do Reino de Deus.
- Resgatar os valores culturais próprios do surdo para solidariedade com mais cidadania.
- Buscar uma verdadeira inclusão dentro da Igreja, ao mesmo tempo superando preconceitos e respeitando as individualidades e diferenças de cada pessoa.

2.2 Fundamentação dos documentos da Igreja

A Constituição Pastoral *Gaudium et spes* inicia dizendo que "As alegrias e esperanças, as tristezas e as angústias dos homens de hoje, sobretudo dos pobres e de todos aqueles que sofrem, são também as alegrias e as esperanças, as tristezas e as angústias dos discípulos de Cristo".[1] De fato, vem ao encontro dos anseios da comunidade surda que deseja ardentemente ser incluída na vida de Igreja. É nessa mesma Constituição Pastoral Conciliar que justificamos a importância da Pastoral dos Surdos:

> Ao ajudar o mundo e recebendo dele ao mesmo tempo muitas coisas, o único fim da Igreja é o advento do Reino de Deus e o estabelecimento da salvação de todo o gênero humano. E todo o bem que o Povo de Deus pode prestar à família dos homens durante o tempo da sua peregrinação deriva do fato que a Igreja é o "sacramento universal da salvação", manifestando e atuando simultaneamente o mistério do amor de Deus pelos homens.[2]

> E a Igreja declara querer ajudar e promover todas essas instituições, na medida em que isso dela dependa e seja compatível com a sua própria missão. Ela nada deseja mais ardentemente do que, servindo o bem de todos, poder desenvolver-se livremente sob qualquer regime que reconheça os direitos fundamentais da pessoa e da família e os imperativos do bem comum.[3]

---

[1] GS, n. 1.
[2] GS, n. 45.
[3] GS, n. 42.

O Diretório Geral de Catequese reflete sobre a catequese especial na Igreja. Esse documento, que tem como objetivo orientar a dimensão catequética, esclarece de maneira profunda o espaço e a importância dos deficientes na Igreja:

> Toda comunidade cristã considera como pessoas prediletas do Senhor aquelas que, particularmente entre as crianças, sofrem de qualquer tipo de deficiência física e mental e de outras formas de dificuldades. Uma maior consciência social e eclesial e os inegáveis progressos da pedagogia especial fazem com que a família e outros lugares de formação possam hoje oferecer, a essas pessoas, uma adequada catequese, à qual têm direito, como batizadas, e se não batizadas, como chamadas à salvação. O amor do Pai para com estes filhos mais frágeis e a contínua presença de Jesus com o seu Espírito nos dão a confiante certeza de que toda pessoa, por mais limitada que seja, é capaz de crescer em santidade.[4]

Em Puebla podemos considerar a importância da evangelização como a força impulsionadora que dá sentido à vida e à pastoral. Por isso, os surdos devem ter o direito a incluir-se no processo de evangelização no presente e no futuro:

> A evangelização dará prioridade à proclamação da Boa-Nova, à catequese bíblica e à celebração, como resposta à crescente ânsia do povo pela Palavra de Deus. [...]Empenhar-se-á em recrutar novos agentes de pastoral, tanto clérigos quanto religiosos e leigos. Adaptará a formação desses agentes às exigências das comunidades e dos ambientes.[5]

A promoção humana de todas as pessoas deve ser um contínuo esforço de nós cristãos. Por isso a preocupação com os surdos e com sua evangelização é muito mais do que um ato de comiseração com sua deficiência; é, sim, um ato de amor a exemplo do próprio Cristo:

---

[4] DCG, n. 189.
[5] Puebla, nn. 150.153.

[...] Jesus é o bom samaritano que encarna a caridade e não só se comove, mas se transforma em ajuda eficaz. Sua ação é motivada pela dignidade de todo homem, cujo fundamento está em Jesus Cristo como Verbo criador, encarnado. Como indicava a *Gaudium et spes*, "o mistério do homem só se torna claro verdadeiramente no mistério do Verbo encarnado. Com efeito, Adão, o primeiro homem era figura daquele que haveria de vir, isto é, de Cristo Senhor. Novo Adão, na mesma revelação do mistério do Pai e de seu amor, Cristo manifesta plenamente o homem ao próprio homem e lhe descobre a sua altíssima vocação".

Dignidade que não se perdeu pela ferida do pecado, mas que foi exaltada pela compaixão de Deus, que se revela no coração de Jesus Cristo. A solidariedade cristã é certamente serviço aos necessitados, mas é, sobretudo, fidelidade a Deus. Isso fundamenta a relação entre a evangelização e a promoção humana.[6]

Construir uma pastoral que vise à promoção humana do surdo através da comunidade eclesial é um dos grandes objetivos da Pastoral dos Surdos. A Igreja, ao longo da história, sempre se preocupou com os que mais sofrem, com os marginalizados, com os excluídos. O surdo é excluído pela sua linguagem e pela sua cultura, que se diferencia do mundo ouvinte. A pastoral quer enfatizar a igualdade de todos os seres humanos perante Deus:

> A promoção, como indica a Doutrina Social da Igreja, deve levar o homem e a mulher a passar de condições menos humanas para condições cada vez mais humanas, até chegar ao pleno conhecimento de Jesus Cristo. Em sua raiz, descobrimos, pois, que se trata de um verdadeiro canto à vida, de toda vida, desde o não-nascido até o abandonado.
>
> Maria, a mulher solícita ante a necessidade surgida nas bodas de Caná, é modelo e figura da Igreja ante toda forma de necessidade humana. À Igreja, assim como a Maria, Jesus recomenda preocupar-se pelo cuidado maternal da humanidade, sobretudo dos que sofrem.
>
> A igualdade entre os seres humanos em sua dignidade, por serem criados à imagem e semelhança de Deus, se afirma e aperfeiçoa em Cristo. Desde a encarnação, ao assumir o Verbo nossa natureza e sobretudo sua

---

[6] Santo Domingo, n. 159.

ação redentora na cruz, mostra o valor de cada pessoa. Por isso mesmo, Cristo, Deus e homem, é a fonte mais profunda que garante a dignidade da pessoa e de seus direitos. Toda violação dos direitos humanos contradiz o plano de Deus e é pecado.[7]

Por se tratar de uma cultura de língua diferente e, conseqüentemente, de estrutura pastoral diversificada, a Pastoral dos Surdos é muito original. Mas ela quer ser uma unidade com toda a pastoral da Igreja, articulando com responsabilidade seus trabalhos de evangelização:

> A articulação pastoral decorre da própria natureza da Igreja-comunhão. Ensina João Paulo II: "A Comunhão eclesial configura-se, mais precisamente, como comunhão 'orgânica', análoga à de um corpo vivo e operante: ela, de fato, caracteriza-se pela presença simultânea da *diversidade* e da *complementaridade* das vocações e condições de vida, dos ministérios, carismas e responsabilidades".[8]

A autonomia é um princípio importante para garantir aos surdos sua expressão própria dentro da Igreja, seu jeito de ser, de se comunicar, de rezar e de agir:

> Pelo princípio da *autonomia*, todos os membros da Igreja, individualmente ou associados, têm o dever e o direito de cultivar, por si mesmos, os próprios carismas, a própria identidade eclesial e a própria espiritualidade, para o enriquecimento da Igreja. Conseqüentemente, a articulação pastoral, longe de nivelar os carismas eclesiais, deve visar ao seu pleno desenvolvimento na comunhão orgânica da Igreja.[9]

2.3 As quatro dimensões de atuação

Estas dimensões que agora apresentamos acentuam aspectos fundamentais do movimento de evangelização da Pastoral dos Surdos.

---

[7] Santo Domingo, nn. 162-164.
[8] CNBB, doc. 45, n. 290.
[9] CNBB, doc. 45, n. 291.

2.3.1 Litúrgica

A espiritualidade do cristão é uma busca de e um encontro com, na fé e na comunidade, a proposta cristã. O caminho da espiritualidade é um processo contínuo de conversão, de interioridade e de busca da santidade. A dimensão litúrgica é, pois, o centro dessa caminhada que se faz em comunidade orante. Nessa atuação, os surdos são convidados à prática da oração individual e comunitária, dando ênfase na liturgia dominical e nas celebrações nas casas dos surdos. Nesse mesmo sentido, a mística e a espiritualidade estão juntas à dimensão litúrgica. Como se crê, se reza; e como se reza, se crê, diziam os Santos Padres da Igreja Primitiva.

Jesus abriu os ouvidos do surdo para que ele compreendesse a vida no mistério da fé. Os surdos são convidados a aprofundar sua espiritualidade, compreender a mensagem de Jesus Cristo, para tornar-se evangelizadores da Boa-Nova pelo seu testemunho de vida.

Desde o início, a Pastoral do Surdo se move pela palavra de Jesus "*Effatá*" (Mc 7,31-37). A mensagem que Jesus de Nazaré transmite significa colocar os surdos em contato com outros surdos, para encontrar não somente a cultura surda, sua identidade e história, mas também o valor da vida e o amor ao próximo.

2.3.2 Bíblico-catequética

A pedagogia da revelação é uma pedagogia da palavra. O cume da revelação está centrado na palavra que se fez carne, visível (cf. 1Jo 1,1-7). Deus se vê, se ouve e se toca em Jesus.

Em Pentecostes, cada um escutou na sua própria língua. É a prova não só da fidelidade cultural ao interlocutor, mas, especialmente, da consideração particular de cada um.

A pedagogia da fé é uma pedagogia do dialeto, dos dialetos da língua de sinais, são os vestígios de Deus. A comunicação é um sistema de relações humanas, profundamente humanas. Deus é o inventor das linguagens de sinais, é o criador dos significados. Sinais são sempre coisas concretas. Não há nenhuma catequese que não tenha a linguagem dos sinais, dos símbolos. Todas as coisas encerram mensagens, têm conteúdos. A Palavra de Deus que se fez carne também requer intérpretes. Não podemos crescer em relação com os outros sem a ajuda dos intérpretes. O intérprete conhece intimamente os dois pontos da relação: tanto o coração de Deus e o coração do homem como a linguagem de sinais que os une.

Como aplicar em nossas comunidades os princípios de normatização, personalização e integração da catequese da pessoa surda? É necessário um esforço dos dois lados: da comunidade e da pessoa surda. O mundo oralizado em que nos movemos e vivemos é muitas vezes inacessível ao mundo do surdo. A linguagem de sinais os restringe a uma comunidade muito reduzida de familiares, educadores e alguns amigos ouvintes.

Percebe-se também uma acentuada dependência em relação aos intérpretes, tanto das pessoas surdas quanto em relação aos ouvintes que não sabem. O material catequético (catecismos, subsídios e demais orientações) é importado de outros países e adaptado, mas carece de uma adequada fundamentação pedagógico-catequética e, sobretudo, da consideração da cultura própria das pessoas surdas nas diversas comunidades do país.

Os catequistas mais experientes fazem adaptações, mas há uma grande necessidade de elaborar o material catequético próprio segundo as bases e orientações atuais da catequese de nosso país. A linguagem dos sinais tem sido uma proposta de grande valor em muitas comunidades que a incorporam como recurso precioso especialmente para os jovens e adultos surdos e como um desafio de fidelidade à pessoa a quem se quer dar testemunho e anunciar a Boa-Nova de Jesus, a Palavra de Deus.

A maior dificuldade das pessoas surdas e de seus catequistas é a ausência, o desinteresse ou a indiferença dos sacerdotes para acolhê-los e acompanhá-los no processo de sua vida de fé. Com freqüência, os catequistas laicos são o único referente eclesial e os mediadores que os surdos têm a seu alcance.

Na família da pessoa surda é, às vezes, notória a falta de compromisso de vida cristã e de verdadeira preocupação pela educação na fé. Não se crê nas verdadeiras capacidades de vida e de compromisso cristão da pessoa surda, e, portanto, não a estimulam nem a acompanham em suas buscas.

Quanto aos catequistas, temos aqueles que, sendo professores especializados, não estão suficientemente maduros em sua fé ou em sua formação catequética. Embora bons intérpretes, necessitam de uma formação inspirada na pedagogia original da fé. Por outro lado, temos bons catequistas, de boa vontade, mas que carecem de recursos e estratégias didáticas e, sobretudo, de um profundo conhecimento das características peculiares da pessoa surda.

2.3.3 Missionária

Na perspectiva bíblica, a Pastoral dos Surdos quer ser um sinal do Cristo, mostrando que a surdez física não é limite para a escuta e a vivência da Palavra de Deus, mas, pelo contrário, pode representar o amor infinito de um Pai que se comunica com todos os filhos:

> Sede cumpridores da Palavra e não meros ouvintes, enganando-vos a vós mesmos. Pois quem ouve a Palavra e não a pratica é semelhante a alguém que olha num espelho seu rosto e, mal se viu, vai-se embora para logo esquecer como era. Quem se aplica em meditar a Lei Perfeita da Liberdade (Lei do Amor) e nela persevera, não como ouvinte que facilmente esquece, mas como cumpridor, este será feliz em seu proceder (Tg 1,22-25).

E o pedido de Cristo se estende a todas as pessoas, sem nenhuma distinção. O Evangelho deve ser levado aos surdos para que eles também possam tornar-se evangelizadores: "Ide por todo o mundo e pregai o Evangelho a toda criatura" (Mc 16,15).

Uma ação missionária bastante comum nas comunidades de surdos é a visita missionária. Mensal ou semestralmente, as comunidades visitam as comunidades-irmãs, participando de momentos de aprofundamento da fé, através de reflexões, palestras, testemunhos, e valorizando o convívio fraterno entre eles. A amizade deve ser cultivada, respeitada e valorizada, pois é uma marca existencial dos surdos.

2.3.4 Sociotransformadora

A Pastoral dos Surdos procura viver a comunhão fraterna através de atos de solidariedade para com os surdos na miséria ou pobreza, nas drogas, com famílias destruídas, na velhice, com problemas de saúde e de acesso à informação. Também a Pastoral dos Surdos se preocupa com os direitos dos surdos desde o acesso à educação até a aposentadoria.

Muitos voluntários colaboram com a Pastoral dos Surdos assessorando na área do direito, da psicologia, da fonoaudiologia e das ciências da saúde em geral.

A Pastoral dos Surdos quer que o surdo se sinta Igreja, membro de uma família que professa a mesma fé em Jesus Cristo, Caminho, Verdade e Vida.

A busca da identidade surda, a participação dos movimentos sociais surdos por melhores condições de vida, de trabalho, de escola, enfim a luta pelos seus direitos, são ações permanentes e sempre necessitam ser revitalizadas dentro e fora das comunidades cristãs.

CAPÍTULO 3

A ação evangelizadora da Pastoral dos Surdos

Fiel à Igreja, a evangelização constitui a verdadeira missão da Pastoral dos Surdos. Para melhor realizar tal atividade, apresentaremos algumas dimensões práticas e alguns instrumentos ordenadores da Pastoral dos Surdos.

3.1 O evangelizador

Os evangelizadores dos surdos são, preferencialmente, os próprios surdos. Eles são os primeiros anunciadores de sua cultura e do testemunho do seguimento de Jesus Cristo.

Qualquer pessoa (ouvinte ou não) pode evangelizar o surdo, mas, primeiro, deve saber aproximar-se dele, conhecer sua história, cultura e língua. Sem esses requisitos, o anúncio chegará até o surdo de forma fragmentada, parcial, e poderá ser infrutífero.

3.2 A comunidade de surdos

A comunidade de surdos é constituída por sujeitos que usam a língua visual. São eles estudantes, analfabetos, profissionais liberais, letrados, trabalhadores, desempregados etc. Alguns surdos lutam por seus direitos dentro do movimento surdo, outros vivem na acomodação, com sentimentos de medo, inferioridade, na clandestinidade por suas próprias famílias ou por preconceito profundo na sociedade brasileira.

3.3 A cultura dos surdos

A cultura dos surdos como diferença constitui uma atividade criadora. É composta de símbolos e práticas bem diferentes dos da cultura ouvinte. É disciplinada por uma forma de ação e atuação visual. Ela possibilita ao surdo desenvolver sua autonomia.

3.4 Os agentes solidários

São pessoas ouvintes que atuam junto aos surdos. Podem ser intérpretes de surdos; filhos ouvintes de pais surdos etc. A solidariedade está no fato de se colocarem ao lado do surdo e o reconhecerem como sujeito e não como deficiente ou incapacitado.

3.5 A conjuntura atual

Vivemos em uma sociedade onde o preconceito e a discriminação fazem parte de nosso cotidiano; desde cedo, aprendemos a competir com o outro. Contrariando essa realidade, a Pastoral do Surdo quer ultrapassar a exclusão e a normalização às quais o surdo está sujeito, afirmando uma concepção dos direitos que possibilita a compreensão de sua existência como sujeito diferente.

3.6 A pessoa surda

Surdo é a pessoa destituída de audição. Como não tem a comunicação auditiva, usa a comunicação visual. O surdo tem uma cultura visual elaborada, enquanto o ouvinte tem uma cultura auditiva. Para interagir com ele, é preciso conhecer ou usar sua forma de comunicação, a língua dos sinais.

3.7 A língua de sinais

Mundialmente, as comunidades surdas criaram a sua própria língua de sinais ou incorporaram aspectos de outras línguas de sinais. Parte do vocabulário da *American Sign Language* (Linguagem Americana de Sinais) atual derivou da Língua Francesa de Sinais de cento e oitenta anos atrás. Esse vocabulário combinou-se com a forma nativa que já era usada nos Estados Unidos e tornou-se a atual ASL. As línguas de sinais desenvolvem-se ao longo de muitos anos e sofrem refinamentos em todas as sucessivas gerações.

Normalmente, as línguas de sinais não seguem os movimentos sociogeográficos das línguas faladas. Em Porto Rico, por exemplo, usa-se a ASL, mas fala-se espanhol. Os sinais podem diferir até em países que falam a mesma língua; por exemplo, a língua de sinais da Inglaterra difere daquela usada nos EUA. Também, a Língua Mexicana de Sinais difere das muitas línguas de sinais da América Latina.

Quem estuda uma língua de sinais fica impressionado com sua sutil complexidade e riqueza de expressão. A maioria dos assuntos, pensamentos ou idéias pode ser expressa com a língua de sinais. Felizmente, há uma tendência crescente de produzir material para surdos em VHS, dicionários usando a língua de sinais para contar histórias, expressar poesia, apresentar relatos.

No Brasil, temos a LIBRAS (Língua Brasileira de Sinais).

3.8 As identidades surdas

As identidades estão sempre em relação de dependência com o semelhante surdo: "O meu encontro com os outros surdos foi como eu queria, foi a comunicação que eu queria. Aquilo que os identificava, identificava a mim também e fazia-me ser eu mesmo". O encontro entre surdos torna-se importante, para que adquiram e usem a comunicação visual e se sintam bem como sujeitos surdos. Geralmente, os surdos gostam de se encontrar. A interação cultural entre surdos é símbolo da originalidade do ser sujeito surdo, isto é, sentir-se acolhido na comunidade surda.

Capítulo 4

A organização da Pastoral dos Surdos

Agora é muito importante que apresentemos algumas orientações para bem organizar a nossa evangelização.

4.1 Nas paróquias, dioceses e arquidioceses

Por que fundar novas comunidades de surdos nas dioceses e paróquias do Brasil? Vivemos em uma sociedade na qual a organização é muito importante. O planejamento e a preparação são dois valores necessários para o êxito e a eficácia da fundação da Pastoral dos Surdos. Ela precisa ser bem organizada. Quando um grupo de ouvintes e surdos deseja fundar uma comunidade em sua paróquia, é preciso que o objetivo esteja bem claro.

4.2 Os passos para a fundação de uma comunidade de surdos

1) Entrar em contato com o pároco e expor com clareza os objetivos da fundação.

2) Divulgar o dia da fundação da comunidade dos surdos através de cartazes, avisos nas missas e outros meios visuais.

3) Formar a equipe da Pastoral com pessoas surdas e ouvintes, que devem ter conhecimento básico da LIBRAS e formação cristã.

4) O ouvinte não deve assumir sozinho a Pastoral dos Surdos. Os surdos têm capacidade para estar ao lado ou assumirem cargos dentro da comunidade.

5) A paróquia vai conhecendo aos poucos a nova realidade visual nos espaços até então ocupados pelos ouvintes, tais como: reserva dos primeiros bancos aos surdos; estante ao lado do ambão, ou mesmo do sacerdote no altar, presença de intérpretes e surdos conversando, usando uma língua diferente, um "barulho" visual. Todas essas mudanças são perceptíveis no início da atuação dos surdos dentro da igreja. Após as acomodações e adaptações, não há diferenças, mas sim acolhida e respeito, diálogo e alegria.

6) A Pastoral dos Surdos integra o Plano de Conjunto das Pastorais da diocese e da paróquia. Deve ser evitada toda exclusão dentro das paróquias ou nas dioceses.

7) Toda atividade paroquial ou diocesana deve incluir a Pastoral dos Surdos, uma vez que ela é integrante e atuante na Igreja.

4.3 A coordenação local nas paróquias

A Pastoral dos Surdos deverá ser sempre coordenada pelos surdos nas comunidades ou nas paróquias. Seu estilo de vida cristã, dedicado aos trabalhos da Pastoral, será um serviço a Deus. Os irmãos surdos, abraçando a missão através de uma vida intensa de oração, serão sinais de serviço voluntário e de um trabalho apostólico em ação.

A função do coordenador deverá ser renovada de dois em dois anos. Caso não haja outro surdo para assumir a missão de coordenador, o anterior será reeleito. O coordenador local não deve ser vitalício, mas deve procurar dar espaço para outras pessoas dedicadas à comunidade e à evangelização.

A Pastoral dos Surdos terá seus frutos se a evangelização, a vida de comunidade, as reuniões e a catequese forem coordenadas por uma equipe, nunca por apenas um único sujeito. A participação dos ouvintes na equipe de Pastoral é muito importante. O trabalho em conjunto e compartilhado é fundamental no processo permanente de construção e revitalização da vida em comunidade.

4.4 O dízimo nas comunidades de surdos

A comunidade da Pastoral dos Surdos escolhe uma pessoa para assumir o setor das finanças da pastoral. Deve ser um surdo que seja respeitado por todos. A contribuição mínima de cada membro da comunidade ajudará a manter os trabalhos de evangelização: fotocópias, festas, material de catequese, viagens missionárias.

As rifas e a venda de produtos e artigos na comunidade são um dos meios para angariar fundos. Esse fundo servirá para a própria comunidade solidarizar-se com surdos doentes ou desempregados.

A força da comunidade está na união dos seus membros. Se houver rivalidade, competição, luta de poder, mal-entendidos, fofocas, a comunidade de surdos não perdurará e o testemunho como seguidor de Jesus Cristo não aparecerá. Por isso, dar o testemunho é fundamental para que a identidade dos surdos e sua cultura sejam respeitadas pelos ouvintes e valorizada pela Igreja (cf. At 4,32-35).

4.5 A escolha da equipe da coordenação nacional

O coordenador nacional, desde o IX Encontro Nacional (Campinas, SP), é escolhido pelos surdos nos encontros nacionais e empossado naquele período. Preferencialmente será um surdo. O coordenador nacional permanece no cargo por dois anos e poderá ser reeleito por mais dois anos.

O coordenador nacional escolhe seu vice, que pode ser um ouvinte ou um surdo. O vice-coordenador pode acumular dupla função: vice e secretário.

4.6 As funções e as responsabilidades

4.6.1 Coordenação nacional

• Manter contato com todos os coordenadores regionais a fim de conhecer as diferentes realidades das comunidades de surdos do Brasil.

• Conhecer os documentos e orientações da Conferência Nacional dos Bispos do Brasil (CNBB).

• Orientar os coordenadores regionais sobre a espiritualidade (jeito de rezar e estar em união com Deus), por meio da prática da caridade fraterna, da solidariedade, da leitura e meditação diária da Bíblia.

• Denunciar toda atividade contra a evangelização e contra as propostas de ação da Igreja, que aliene, exclua, discrimine e que não ajude o surdo a ser agente transformador de sua própria realidade e não o liberte de toda injustiça e sofrimento.

• Estar presente nos grandes e importantes acontecimentos estaduais e nacionais e eventos organizados pelos surdos.

• Ser sinal de união e presença de esperança ao lado dos coordenadores regionais e nas comunidades de surdos do Brasil.

• Organizar com os assessores de casais e de jovens surdos e com os coordenadores regionais os encontros nacionais (ENAPAS).

• Representar a Pastoral dos Surdos do Brasil nos eventos internacionais ou enviar delegados competentes.

• Articular a oficialização da Pastoral dos Surdos junto à CNBB.

4.6.2 Tesouraria nacional

• Escolher o tesoureiro nacional entre os membros surdos que sejam ativos e participantes da Pastoral dos Surdos. Essa tarefa será do coordenador nacional.

• Solicitar uma contribuição mensal das comunidades locais, diocesanas e regionais para manter o trabalho de evangelização ativo.

• Realizar esse serviço com muita honestidade e fraternidade. Qualquer solicitação de saque do coordenador nacional ou do tesoureiro deve passar pelo aval da equipe de coordenação nacional. Dessa forma, evitam-se mal-entendidos ou desavenças. Todo final de ano deve ser feita uma prestação de contas à comunidade de surdos.

4.6.3 Coordenação regional

• Estar unido ao coordenador nacional através de cartas, fax, e-mail, a fim de apresentar as experiências e as dificuldades dos coordenadores arquidiocesanos e diocesanos.

- Respeitar as diferentes caminhadas das comunidades arquidiocesanas e diocesanas, vivendo sempre a missão de testemunhar com a vida e com a palavra o anúncio de Jesus a todos.
- Ajudar o coordenador arquidiocesano e diocesano para que a cultura e o jeito de viver do surdo sejam respeitados dentro das comunidades de surdos.
- Acolher os colaboradores ouvintes que desejam o crescimento, a autonomia e a liberdade dos surdos, evitando todo tipo de dominação e imposição dos ouvintes sobre os surdos e sobre as comunidades.
- Estar sempre informado sobre as atividades das dioceses de seu regional, estando presente sempre que possível.
- Ter uma vida de espiritualidade (oração diária) e realizar permanentes estudos bíblicos e sobre a Igreja.

4.6.4 Coordenação arquidiocesana

- Estar inserido no Plano de Pastoral de Conjunto da arquidiocese ou diocese.
- Participar das atividades promovidas pela arquidiocese ou diocese.
- Apresentar ao bispo um relatório anual das atividades desenvolvidas na Pastoral dos Surdos.
- Manter contato com as comunidades de surdos dentro da arquidiocese e diocese.
- Manter as novas fundações de comunidades sempre unidas, evitando divisões e exclusões.
- Visitar as comunidades de surdos a fim de conhecer seus membros.
- Mandar relatórios anuais ao coordenador regional (catequese, encontros, novas comunidades).
- Ter os nomes e os endereços dos coordenadores locais da arquidiocese ou diocese.
- Divulgar a Pastoral dos Surdos através dos veículos de comunicação: rádios, jornais, revistas etc.
- Ter uma vida de oração diária, estudo bíblico e constante participação de cursos de atualização.

4.6.5 Os bispos, os padres, os religiosos e a Pastoral dos Surdos

• Um dos lugares para a divulgação da Pastoral dos Surdos, bem como o seu reconhecimento, é o seminário.

• O curso de LIBRAS pode ser ministrado nos seminários pelos instrutores aos seminaristas e diáconos, bem como aos padres que desejam conhecer a língua de sinais.

• Os bispos do Brasil têm tido uma atitude de acolhida e respeito à Pastoral dos Surdos. Contudo, ainda falta uma adesão mais concreta junto às comunidades em suas dioceses.

• A Conferência Nacional dos Bispos do Brasil (CNBB), desde 1992, através do Frei Bernardo Cansi, ofm, falecido há alguns anos, esteve atuando junto à Pastoral dos Surdos. A dimensão bíblico-catequética foi e é a linha de ação dentro da Pastoral dos Surdos.

• A Pastoral dos Surdos tem um olhar de ação e espiritualidade, com base nas orientações, documentos e diretrizes de ação dos Bispos do Brasil (CNBB).

• As congregações religiosas com carisma específico de trabalho e missão junto ao surdo têm feito um excelente trabalho: Irmãs da Pequena Missão para Surdos (PR e MS), Padres da Pequena Missão (PR e SP), Irmãs Nossa Senhora do Calvário (SP, RJ, RO), Padres Pavonianos (DF e MG), Irmãs Salesianas dos Sagrados Corações (CE, AM e DF), Filhas da Providência (SP), Instituto Severino Fabriani (SP e TO), Ordem dos Frades Menores (PA, SP, PR). São presenças de serviço e missão de comunidades religiosas que trabalham com os surdos.

4.6.6 Centro de Pastoral dos Surdos (CPS)

• Local conhecido pelos surdos, de fácil acesso, e se destina aos estudos, dias de convívio, lugar de trabalho das equipes da Pastoral dos Surdos.

• Pode ser um espaço cedido por uma escola de surdos ou uma sala cedida pela paróquia ou pela diocese. São lugares reconhecidos pela Igreja como os centros de referência da Pastoral dos Surdos.

• Para que a comunidade de surdos cresça e o testemunho cristão seja verdadeiro, é necessária uma avaliação da comunidade e de suas atividades, pelo menos uma vez ao ano.

• Reconhecer as falhas, os erros, é sinal de maturidade e vontade de crescer, de aprender sempre mais no caminho da santidade e da perfeição. O perdão é uma atitude bíblica típica dos seguidores de Jesus. Essas avaliações são anotadas em ata, de modo a deixar registrada para todos a história da Pastoral da comunidade surda.

• Os encontros de estudos da fé, as reuniões após as missas, ou antes, são importantes para que a comunidade acolha novas pessoas, vivendo assim a fraternidade, a caridade fraterna entre eles. Um surdo que entra em contato com a Pastoral precisa ser bem acolhido.

• A formação dos catequistas surdos e dos agentes de pastoral é uma das atividades principais da comunidade de surdos. Se não existirem tais encontros, tais reuniões, certamente a nova comunidade de surdos não vai durar muito tempo ou ficará sempre no mesmo lugar.

Capítulo 5

Abordagem catequética

A Pastoral dos Surdos possui hoje

mais de duzentas comunidades de surdos no Brasil, provocando com isso grande impulso na catequese das pessoas com deficiência. A catequese é uma dimensão fundamental para acolher a pessoa com deficiência; é a porta de entrada na vida comunitária e eclesial.[1]

5.1 As atividades da Pastoral: mãos a serviço da vida e da evangelização

A Pastoral dos Surdos tem um plano de ação evangelizadora, catequética, como toda e qualquer pastoral: encontros de formação de catequistas surdos, encontros de jovens surdos, de casais surdos, de terceira idade, cursos de noivos, encontros nacionais e regionais dos surdos e encontros nacionais dos intérpretes.

Todas as atividades devem ser registradas em ata de reuniões, fotos, filmagens. Cada aniversário é celebrado com festa, convívio e uma missa. Tudo isso é a história da vida de fé dos surdos.

A nova comunidade de surdos deve estar inserida no Plano de Pastoral de Conjunto da paróquia ou da diocese.

---

[1] CAMPANHA DA FRATERNIDADE DE 2006, *Texto-Base*, n. 56, pp. 33-34.

É importante que a comunidade de surdos não viva escondida com missa particular ou especial. A Pastoral dos Surdos deve estar presente em todo acontecimento da paróquia ou da diocese.

A presença do padre nas reuniões ou nos encontros da Pastoral é importante porque mostra o apoio, o carinho do pastor. O sonho das comunidades de surdos do Brasil é que todo padre ou religiosa aprenda a Língua dos Sinais (LIBRAS). A comunicação através da LIBRAS facilita o conhecimento e o interesse, e ajuda os surdos.

A equipe da Pastoral dos Surdos se reunirá sempre que for necessário.

É importante que os avisos e as atividades da Pastoral dos Surdos sejam divulgados nos murais ou nos informativos (revistas, jornais, *sites*) da paróquia.

A integração das comunidades de ouvintes e dos surdos é de suma importância. Deve-se evitar toda e qualquer exclusão dentro da Igreja, que é mãe e quer acolher todos seus filhos.

O pastor da diocese (bispo) une as comunidades, serve à Igreja, a exemplo de Cristo. A presença do bispo como pastor nas comunidades de surdos é um sinal de unidade do pastor e sempre motivo de ação de graças.

A Pastoral dos Surdos é uma atividade de ação, de transformação, de conversão rumo àquele que dá sentido à vida: Jesus de Nazaré. O processo é contínuo, sempre em busca de novos caminhos, santidade e vivência mais cristã e humana.

5.2 O catequista surdo: perfil de sua missão eclesial e sua espiritualidade

O catequista é um criador de espaços de comunicação. Com os catequizandos vai aprofundando a diversidade de linguagens no ensino da catequese. A convivência com eles, a amizade, o compartilhar trabalhos, jogos, oração, é um todo que cresce em um autêntico itinerário de fé pessoal e comunitária.

A própria vocação de catequista é um permanente chamado a prestar atenção, afinar os ouvidos, desenvolver a capacidade de escuta, com coração de discípulo e língua de profeta humilde e valente.

Ele é alguém que não sabe todas as respostas mas que é permanente companheiro de buscas.

É um cristão respeitoso dos tempos de Deus e dos homens. Vive com entusiasmo enamorado dos que sentem alegria e não podem deixar de convidar com fé. Vive a urgência da integração eclesial e social e, em conseqüência, denuncia toda exclusão como contrária à fé e vida cristãs e renuncia a toda forma de triunfalismo paternalista.

É fiel a seus amigos e à mensagem que os une.

Quando a pessoa surda é chamada ao ministério da catequese, visualiza a si mesma como um dom que enriquece a Igreja e ao mesmo tempo revela a força e o potencial evangelizador das pessoas com deficiência.

Da espiritualidade, amadurecendo sempre, tem como origem, processo, desenvolvimento e plenitude a Páscoa de Jesus e os pseudônimos onde ela está insinuada e prefigurada: a paixão dos homens e suas esperanças e alegrias.

Inspira-se e deixa-se modelar pela pedagogia original da fé. Tem sempre presente que todo anúncio tem como fim o encontro com Jesus e sua permanência no coração de quem acolhe a Palavra. Relativiza o valor dos diferentes recursos e meios para a centralidade plena da Palavra de Deus.

Sua formação é permanente. Não se pode conceber um catequista instalado em sua trajetória, que não avance, ele mesmo, em um autêntico itinerário de formação. O catequista de pessoas com deficiência vai reconhecendo seus próprios limites e suas próprias deficiências à medida que progride na sua formação. Os cursos, seminários, encontros e demais modalidades de formação estarão orientados não só para aquisição de técnicas e dinâmicas de comunicação, mas também para a criação de um hábito de busca e de discernimento do itinerário das pessoas surdas e do desígnio salvador de Deus. "Não se pode amar o que não é conhecido", afirma santo Agostinho.

Os surdos foram, por muito tempo, deixados de lado no que diz respeito à sua formação como cristãos e como agentes de transformação dentro da comunidade cristã. A primeira qualidade de uma verdadeira comunidade cristã é a sua abertura, o seu acolhimento de todas as pessoas, quaisquer que sejam, até mesmo aquelas com deficiência. Jesus deixa claro na sua parábola do convite ao banquete nupcial. Convida a todos quantos estão nas ruas e nas encruzilhadas e os acolhe em seu Reino (Mt 22,10). Essa atitude significa gesto concreto, ou seja, abrir espaço para que o surdo integre-se, inclua-se no processo permanente do conhecimento e do seguimento a Jesus. A Bíblia deve chegar até os surdos, os textos mais complexos e de difícil compreensão devem receber uma clara explicação e atualização no cotidiano da vida. Existe um método de catequese para os surdos? Podemos dizer que sim. Diferencia-se um pouco do voltado ao ouvinte. Uma catequese direta e de fácil compreensão exigirá do catequista ouvinte e até mesmo do catequista surdo uma preparação séria e contínua das temáticas: através das imagens e de figuras, de pequenos trechos de filmes, dos *slides* e de desenhos, de acordo com a idade e a faixa etária, o catequista precisa se inteirar da realidade que se lhe apresenta. Não adiantará muito sonhar e pensar que o melhor jeito de ensinar é o da comunidade x ou do regional y. O melhor jeito é aquele que o surdo está envolvido, seus olhos brilham e as suas mãos ganham um novo "som" ao responder ou até mesmo ao testemunhar Deus, o Conhecido e o Amado. A comunicação é fator importante na catequese, além do acolhimento e da Palavra (Bíblia), que devem ser revistos em nossas comunidades. A diversidade e a inclusão de pessoas com deficiência na catequese exigem da comunidade cristã uma mudança no modo de viver e conviver, de adaptar e criar novos espaços. Nessa visão catequética é que se integra e compreende-se a missão e o testemunho. A partir de uma profunda catequese bíblica e litúrgica, o surdo é o canal do anúncio de salvação. Naturalmente, nas comunidades de surdos, o testemunho é rápido, eficaz. Significa que um surdo feliz, engajado, incluído, respeitado em sua diversidade como ser humano e como cristão congrega e chama novos surdos. O contrário também pode acontecer. Isso seria uma desgraça para o Povo de Deus.

    Os catequistas surdos ou ouvintes acolhem as crianças, jovens ou adultos para que, através de encontros bem fraternos, recebam com alegria os conteúdos da fé. A preparação aos sacramentos de iniciação (batismo, eucaristia e crisma) deve seguir as normas e as orientações de cada paróquia e/ou diocese, assim como os conteúdos a serem transmitidos.

    A Pastoral dos Surdos apresenta temas ou assuntos relevantes para uma catequese básica. De acordo com o grau escolar ou condições de cada pessoa surda, adapta-se o conteúdo, ampliando-o ou reduzindo-o. Em nosso país são diversas as realidades de comunidade e de catequese.

Ao contrário do que possa parecer, aqui a coordenação nacional apenas sugere ou levanta temas importantes e necessários para os surdos. A partir do programa de cada comunidade paroquial e de cada diocese, a equipe de catequista dos surdos e o próprio catequista surdo ajusta-se e inclui-se na caminhada e nas orientações de sua comunidade, de acordo com seu pároco e seu bispo.

5.3 Temas básicos para a catequese de surdos

- A acolhida na comunidade
- A comunidade cristã (Igreja)
- Os amigos de Jesus: apóstolos e nós, cristãos
- Conhecer e amar
- Deus nos dá a vida: a criação
- Homens e mulheres: somos imagens de Deus
- Pecado e falta de amor
- Perdão de Deus: Deus nos perdoa
- Sacramento do perdão ou confissão
- O Povo de Deus: escravos e livres
- O libertador Moisés
- Os Dez Mandamentos
- A Páscoa do povo judeu
- O nascimento de Jesus
- A Páscoa de Jesus
- O mandamento do amor-serviço: lava-pés
- Jesus foi batizado: início do anúncio do Reino de Deus
- O Reino de Deus
- Seguir Jesus: os doze e nós, seguidores de Jesus
- O batismo na comunidade: somos filhos queridos de Deus
- Eucaristia: a festa dos irmãos
- Eucaristia: a comunhão e a união dos cristãos
- Sacramento da misericórdia de Deus
- Ser padre, ser religiosa: servir à comunidade cristã
- Profissão de fé: crer em Jesus
- Maria, Mãe de Jesus e da Igreja

5.4 Alguns desafios

- Busca de líderes católicos surdos
- Formação de catequistas surdos (a Inglaterra, por exemplo, tem seminários com duração de três anos para catequistas surdos)
- Formação de intérpretes de liturgia
- Trabalho de conjunto com a família
- Desenvolvimento integral da pessoa surda
- Participação ativa da pessoa surda e sua inclusão na Igreja e na sociedade
- Participação da comunidade surda dentro dos movimentos da Igreja
- Respeito pela sua forma de comunicação, oral, gestual ou bilíngüe
- A participação eficaz e comprometida de surdos em projetos dentro da Igreja
- Fortalecimento da Pastoral dos Surdos, respeitando-a e incluindo-a no processo de permanente formação e conversão.

Capítulo 6

Pastoral dos Surdos e a missão dos intérpretes

Com os surdos o intérprete é um agente da evangelização. O apelo de Jesus Cristo é atual: "Ide por todo o mundo e pregai o Evangelho a toda criatura!" (Mc 16,15).

O Reino de Deus vai acontecendo à medida que vemos o Evangelho de Cristo se concretizando: "Os cegos recuperam a vista, os paralíticos andam, os leprosos são purificados, *os surdos ouvem*, os mortos são ressuscitados, e a Boa-Nova é anunciada aos pobres" (Lc 7,22).

Organizando sua presença viva e atuando significativamente na Igreja, a Pastoral dos Surdos do Brasil tem feito um trabalho maravilhoso: surdo evangelizando surdo. Não podemos ocultar as dificuldades que surgem em nossa caminhada, mas, acima de tudo, não devemos esquecer o amor que nos impulsiona ao caminho da vida. Muitas, inúmeras, são as vitórias, todas satisfatórias. Elas nos dizem: é bom estar nessa missão. Continue!

É nesse meio que encontramos o intérprete de LIBRAS, uma pessoa que, querendo contribuir para o fortalecimento da Pastoral dos Surdos, torna-se com o surdo um outro surdo, testemunhando com a própria vida a alegria e a paz do Cristo Ressuscitado.

O intérprete exerce uma função de inestimável valor, dando audição ao surdo através do bailar de suas mãos. Ao interpretar, com todo seu ser, dando o melhor de si, ele transforma-se num canal de comunicação, possibilitando à pessoa surda o direito de ouvir e falar em contextos em que se exija a comunicação na modalidade oral da língua.

Contribuir, facilitar, apoiar são ações que devem regrar a permanência do intérprete na Pastoral, sendo ele sempre um grande motivador em todas as circunstâncias de atuação. O mais importante para ele deve ser a transparência, através de uma presença amiga e consciente.

A atuação do intérprete tornar-se-á benfazeja se, de fato, for alicerçada na oração cotidiana e na busca incessante da práxis do Evangelho em sua vida. Sabe-se, é verdade, que é difícil a caminhada, mas nunca podemos desistir, pois não é algo que não possa ser desempenhado.

Será também profícua a presença do intérprete se for verdadeira, plena, disponível e despojada, sem desejo de ascensão ou proveito. Ele deve estar aberto para aprender sempre mais com os surdos — nossos senhores e mestres —, que vivem numa cultura de imagens, mas também de profundo sentido.

Ainda podemos dizer que é de suma relevância o trabalho desempenhado pelos intérpretes, porque, no compromisso com o outro, fazem de sua vida uma dádiva para o outro na construção do Reino de Deus, que já começa aqui.

6.1 A atualidade do intérprete[1]

A palavra intérprete vem do grego *hermêneús*, derivada do deus grego Hermes. Essa divindade era detentora de muitos segredos que passavam aos mensageiros e eram comunicados ao povo. O grande filósofo grego Platão (429-347 a.C.) associa Hermes a *hermêneús* (que significa intérprete e mensageiro). A primeira ocorrência platônica dessa função mediadora está expressa no *Diálogo Íon*, em que os poetas são chamados de *hermêneús*, intérpretes da vontade do deus Hermes.

A atividade de interpretar também era considerada uma técnica (*tékhné*), a interpretação (*hermeneutiké*). Já o filósofo Aristóteles (384-322 a.C.) considerava o intérprete como um mediador. Ao operar a mediação ele amplia a expressão *hermenéia*, esclarece a mensagem que lhe foi transmitida. É muito interessante ressaltar que os discípulos de Aristóteles

---
[1] Este texto até o item 6.1.3 foi elaborado por Frei Sílvio Tadeu Mascarenhas, ofm.

conseguiram reunir anotações das aulas de lógica e deram o nome de *De interpretatione* ou *Peri Hermeneias*. Nessa obra são estudadas as proposições de lógica que poderão ser verdadeiras ou falsas. A partir disso podemos concluir: o intérprete capta a mensagem, filtra o sentido e depois expressa a verdade da mensagem. Seu trabalho é traduzir uma linguagem estranha para uma linguagem familiar.[2]

6.1.1 A conceituação de intérprete

No latim clássico o verbo transitivo direto *interpretari* (*-or, -atus sum*) abrange a significação de "aclarar", "explicar o sentido de", "traduzir de uma língua estranha para familiar", "reproduzir a intenção ou pensamento de uma pessoa", "reconhecer", "decidir", "determinar".

Ao analisarmos a etimologia da palavra intérprete, percebemos que ela é composta de dois elementos: *inter + pretium*. Vejamos mais detalhadamente cada um dos termos:

1) *Inter* é uma preposição que exige sempre um objeto direto, no caso aqui está o substantivo *pretium*. No entanto, se formos mais na origem ainda, encontramos um desdobramento: *inter* vem de *in* ("em", "dentro de") + *esse* ("ter", "ser").

a) *In* é uma preposição acusativa que indica movimento de dentro, aquilo que está dentro, penetra no significado interior.

b) *Esse* é o infinitivo presente do verbo *sum*, que significa "ser", "estar".

Inter está adjacente a palavras como "interesse", "interação", "intermediação".

Podemos dizer que *inter* significa entrar na fonte, lá onde nasce o significado, e trazê-lo para o presente. Isso tudo, como percebemos, é algo não estático mas em constante movimento e dinamismo.

2) *Pretium (-i)*, substantivo, significa "preço", "valor que se paga por um serviço realizado". Tem também sentido figurado: "mérito", "utilidade",

---

[2] Cf. verbete "Hermenêutica". In: MORENO VILLA, Mariano. *Dicionário de pensamento contemporâneo*. São Paulo, Paulus, 2002. pp. 375-378.

"excelência" (p. ex.: *opere pretium est*, "é o valor do trabalho!"). É o que convém, a recompensa, o prêmio. Portanto, para entender o que signifca intérprete, não podemos ignorar o sentido morfológico e filológico: *inter + pretis* (*pretium*, "intérprete"). Concluímos, então, que o intérprete serve de intermediário (tradutor) para aclarar (explicar) um sinal ou significado; esclarecer o sentido real do que foi emitido ou representado. Uma "in-ter-pret-ação" (*interpretatione*) sempre acontece quando se adentra o valor (*pretius*) fundamental e depois se explana o claro sentido da coisa comunicada. Mas tudo isso pode acontecer simultaneamente: emite-se um sinal (ou gesto) e imediatamente é reproduzido o sinal original.

6.1.2 O perfil e a missão do intérprete

Pontuaremos algumas características fundamentais que não podem faltar no exercício e função do intérprete. E o faremos à luz dos documentos da Igreja.

6.1.2.1 O intérprete e a evangelização

O Documento 71 da CNBB – Diretrizes Gerais da Ação Evangelizadora da Igreja no Brasil – apresenta o caminho da Igreja no ano 2003 até 2006. As dioceses todas, onde está implantada e funcionando a Pastoral dos Surdos (aí estão os intérpretes), elaboram seus projetos particulares.

Todas as diretivas jamais poderão estar fora do Projeto Nacional de Evangelização (2004-2007): Queremos ver Jesus – Caminho, Verdade e Vida. Nesse projeto vislumbramos a fisionomi a, o modelo próprio da nossa Igreja do Brasil. Também a Pastoral dos Surdos e o perfil do intérprete não poderão ter outra fisionomia, caso contrário será um "gueto" condenado à morte.

O ponto de partida será sempre Jesus Cristo. É por Jesus Cristo que nasce, existe e se sustenta um intérprete na Pastoral dos Surdos. O intérprete pode até dominar a língua de sinais, mas dentro da Pastoral o seu domínio maior é a dimensão da fé. Sua pessoa e seu exercício de intérprete não estão dissociados de uma vida e espiritualidade de fé em Jesus Cristo. Ele se dispõe a responder ao projeto de Deus em sua própria vida.

Somos batizados, formamos e vivemos a Igreja de Jesus Cristo, especialmente somos membros de uma comunidade: de surdos e intérpretes. Ser comunidade-Igreja implica fidelidades:

1) *Fidelidade à Tradição:* aqui estão a Sagrada Escritura, os sacramentos, o credo e tudo que fortalece a nossa experiência de fé em Jesus Cristo.

2) *Fidelidade à missão:* aqui está a catequese (querigma), a pregação da Palavra de Deus e nosso serviço à Igreja.

6.1.2.2 A missão do intérprete

Os Atos dos Apóstolos (13,16-43) nos apresentam como Jesus Cristo é anunciado aos judeus. Paulo prega aos judeus: "Com eles sou judeu. Quero fazer-me tudo para todos, para conquistar todos para Cristo" (1Cor 9,20). Entra no mundo deles, fala de toda a história da salvação do povo, de Jesus Ressuscitado, e muitos se convertem.

É bom perguntar também qual é o modo fundamental para evangelizar o surdo. Torna-se cada vez mais claro que não podemos ignorar a realidade do surdo, a inculturação.

Ao ler At 15,18, percebe-se a linguagem do tempo (muitos eram agricultores). No tempo de Jesus havia três grandes profissões: a) *agricultores* (trigo, joio, uva...); b) *pastores* (ovelha, cabra, camelo...); c) *pescadores* (peixe, rede, barco...).

Por isso, Jesus, como grande pedagogo, usa linguagem própria para cada pessoa, com seu tipo e profissão. Ele entra na cultura da pessoa. Daí as parábolas e estórias entendidas por todos (joio e trigo, a casa na rocha).

Os intérpretes são convidados a passar pelos mesmos desafios. Jesus chegou ao máximo no mundo e no coração das pessoas. Usou palavras simples, despertou interesse, interagiu. Para ele importava que todos aderissem ao Reino de Deus e a todo seu modo de operar.

6.1.3 Interpretar com ardor missionário

Jesus partilha a missão com os apóstolos: "Ide e levai o Evangelho" (a Boa-Nova), Mc 6,7. Os apóstolos são os mensageiros. O substantivo apóstolo deriva do verbo *apóstello*, "enviar". O Antigo Testamento conhece o termo embaixador; este devia ser respeitado como o rei que os envia (cf. 2Sm 10). Jesus escolhe os doze; irão difundir a sua mensagem; anunciarão o Evangelho (*evangéllion*), a Boa-Nova a todos as nações.

No grego clássico o vocábulo evangelho é formado de *ev + anggellos*. *Ev* é um advérbio que significa "bem", "prontamente com a bondade". *Anggelos* é um substantivo que significa "mensageiro", "legado de Deus", "anjo".

Então, Evangelho significa um sacrifício oferecido para uma boa notícia, para uma Boa-Nova acontecer. Os apóstolos são os missionários que falam em nome de Jesus Cristo (cf. Lc 9,1-6) e darão a salvação e libertação de Jesus Cristo. Num sentido amplo o apostolado se estende para a Igreja inteira; é a atividade de todo discípulo; "luz do mundo e sal da terra" (Mt 5,13ss). E a missão nossa é anunciar e prolongar a Boa-Nova de Cristo. É o inter + núncio, aquele que anuncia. Inter-media a palavra (*lógos*) com o público (*ad intra* e *ad extra*); anuncia o que está dentro (in).

Os apóstolos falam em nome de Jesus e por isso mesmo revelam e prolongam Jesus Cristo. A missão (*mittere*) do intérprete é a mesma dos apóstolos. O testemunho deles e dos mártires será o grande estímulo. Estes testemunharam (*martyria*) pela causa do Cristo mediante o oferecimento da própria vida. A esta altura da reflexão cabe, também, um questionamento: dou o meu testemunho pela causa, pela Pastoral dos Surdos?

Interpretar é para mim apenas mais uma atividade? Chego com um "leve" atraso, na hora que o padre já está começando a missa? Realmente "visto a camisa" da Pastoral? Preocupo-me com a cultura do surdo? Dou testemunho de fé e vida? Os surdos percebem em mim vibração, paixão pela pastoral?

Mais uma coisa, sempre é bom ter presente o Projeto Nacional de Evangelização (2004 a 2007), o qual apresenta quatro metas:

1. Evangelize como forma de levar Jesus Cristo a todos.
2. Viva a experiência de Jesus Cristo.
3. Revele em tudo: a Igreja da Palavra, da caridade, da hospitalidade, da solidariedade.
4. Abrace desafios e leve todos a abraçarem a vida de santidade.

Mais ainda, o projeto oferece três métodos:

1. Estudar os quatro evangelhos.
2. Estudar as quatro exigências evangélicas:
    a) Serviço   (*diaconia*)   2004   Lc 6,8
    b) Diálogo   (*koinomia*)   2005   Mt 6,33
    c) Anúncio   (*kerigma*)   2006   Mc 16,17
    d) Testemunho   (*martyria*)   2007   Jo 2,5
3. Formar missionários.

A clareza de pensamento pode colaborar muito com a atualização e missão do intérprete: "Ao intérprete cabe expor não as suas próprias opiniões, e sim o pensamento daquele a quem ele está interpretando" (São Jerônimo, Esp. 48 ad Pamn,17).

6.2 A espiritualidade do intérprete cristão[3]

Apresentaremos aqui alguns pontos em comum entre a vida de Jesus e o serviço que os intérpretes desempenham nas comunidades de surdos. É apenas o começo de um longo caminho repleto de desafios e encantos que trilharemos juntos.

Antes disso, é preciso voltarmo-nos para a vida de Jesus Cristo, seu jeito de relacionar-se com as pessoas, especialmente as marginalizadas. E aqui citamos o texto de Mc 7: a cura do surdo. Somente depois, tendo a postura de Jesus como referência, buscaremos a vivência de uma mística e uma espiritualidade para o intérprete cristão. Para contribuir e fundamentar nossa reflexão, iremos deter-nos em dois momentos da vida de Jesus. O primeiro, a encarnação; o outro, a cura do surdo.

"Deus armou sua tenda entre nós" (Jo 1,14). Seu Filho, ao encarnar-se em nosso meio, tornou-se um de nós. Isso significa que Deus assumiu nossos limites e fez de nossa pobreza seu lugar, vivendo o processo da *kénosis* (abandono de si, saída de seu próprio mundo). Deus, através da pessoa de Jesus, vive um êxodo para se inserir numa outra cultura; Jesus, Filho de Deus, é capaz de adaptar-se, inculturar-se e ser mediador do amor do Pai, apresentando-nos Deus como Pai. Por isso, podemos dizer que Jesus torna-se, assim, o intérprete do amor de Deus para a humanidade.

Assim como Deus, por meio da pessoa de Jesus, vivencia esse êxodo saindo de seu mundo e passando a viver como humano, tornando-se um de nós, o intérprete também procura despojar-se de sua própria cultura para descobrir e mergulhar na cultura da pessoa surda, o mundo do silêncio. O intérprete, assim como Jesus, se expõe física e emocionalmente, não empresta somente as mãos e os ouvidos, mas todo o seu corpo para transmitir sua mensagem. Todo o seu ser está a serviço da comunidade.

---

[3] Este texto foi elaborado por Larissa Gotti Pissinatti, insc.

Todas as culturas, como diz Jon Sobrino, são brilhos singulares de uma luz original. Cada pessoa é imagem única e irrepetível de Deus, cada povo, cada cultura é também imagem coletiva e diferente do Deus de todos os nomes, de todas as culturas. Cabe ao intérprete descobrir a beleza de cada sinal, perceber a cultura das comunidades de surdos como revelação do amor de Deus, possibilidade de vida, diante do limite imposto pela natureza. Assim como o mandacaru, planta típica do Nordeste, que floresce em meio à seca do sertão, a língua de sinais mostra a resistência da vida e a insistência de um Deus que deseja revelar seu amor, seu rosto, seu jeito, através da comunicação que fala e encanta no silêncio das palavras e do som.

Não se pode ser estrangeiro dessa cultura, pois Jesus se fez um de nós. A exemplo dele, o intérprete busca inserir-se na cultura das comunidades de surdos, sem perder a sua própria identidade.

Jesus fez-se cidadão, fez-se gente, fez-se humano. Ele não ficou à margem de um processo social, mas definiu-se a favor dos mais pobres, ficou do lado daqueles que a sociedade da época não acreditava, e viveu assim o processo da inculturação.

Esse jeito inculturado de Jesus ajuda a perceber que também o intérprete faz essa experiência de inculturação. Isso significa que o intérprete entra num processo histórico junto com os surdos, acompanhando sua caminhada, partilhando seus avanços e retrocessos, definindo-se, a exemplo de Jesus ao lado deles, em defesa da vida. O intérprete deve não somente possuir o conhecimento lingüístico, as diversas técnicas da comunicação e da LIBRAS, mas acima de tudo participar da caminhada, do construir constantemente a comunidade, a conversão e o testemunho cristão.

Isso significa afirmar que o ponto alto do trabalho voluntário e solidário do intérprete não está determinado somente pela fluência na língua de sinais. É preciso um envolvimento das relações afetivas e fraternas com os surdos.

Não se pode deixar de lado o processo histórico e político de conquista dos surdos em nosso país, os preconceitos já sofridos, os direitos já conquistados, os direitos a conquistar, a subestimação e o menosprezo de sua língua, assim como sua valorização ao longo dos tempos. Isso nos mostra que a missão e a vocação do intérprete não se restringem somente à interpretação dos sinais, mas deve ir além e chegar ao entendimento do jeito do surdo em seu pensamento, em sua reflexão.

O intérprete cristão, a exemplo Jesus, é convidado a despojar-se das próprias idéias ao realizar a interpretação, buscando o jeito de pensar daquela comunidade, colocando a serviço o que tem de melhor e tendo a humildade de sempre aprender, esforçando-se por inculturar-se cada vez mais e interpretar a mensagem de acordo com cada situação; assim como Deus, vendo a situação de seu povo, fez-se um de nós, através da pessoa de Jesus, aprendeu a nossa língua, experimentou nossa humanidade, o intérprete procura estar atento aos sinais dos tempos. A salvação e a mensagem salvífica nos são dadas, hoje, dentro de contextos sociais, econômicos e políticos. Nesse sentido, o intérprete se insere em diversas áreas da nossa sociedade e procura compreender as realidades em que o surdo está vivendo, celebrando, trabalhando.

Durante o tempo em que Jesus anunciava o Reino de Deus, ele se aproximava das pessoas excluídas, as quais não eram, para a sociedade da época, consideradas cidadãs. Ao entrar em contato com aquelas pessoas (cegos, surdos, aleijados, paralíticos e tantos outros), Jesus realiza a integração social, devolve-lhes a capacidade de acreditar em si mesmas.

As pessoas sentem-se acolhidas, respeitadas e lhes são devolvidos os espaços de vitalidade e do existir como pessoas e como membros ativos nas comunidades. O intérprete inserido e integrado, ou melhor, incluído nas comunidades dos surdos, acredita na capacidade da pessoa surda e pode usar a mensagem para uma possível transformação social e contribuir tornando-se protagonista na sociedade.[4]

No encontro de Jesus com o surdo, quem toma a iniciativa é a pessoa com deficiência.

Jesus respeita o momento e deixa-se encontrar. Ele permite a aproximação e acolhe o surdo em seu coração e em seu olhar. Seu amor é de compaixão e não de pena. E expressa um amor que possibilita devolver

---

[4] O intérprete não é formador de opinião, mas um mediador da comunicação que possibilita à pessoa surda tanto formar a própria opinião mediante o acesso às informações em sua língua quanto participar da construção da história de maneira ativa no respeito à sua cultura.

ao surdo a capacidade de conduzir sua própria vida, ao dizer *Effatá*, "abrate", não apenas os ouvidos, mas o coração, a alma para o Salvador e para a vida em comunidade. Jesus liberta o surdo e resgata sua própria dignidade.

Agora curado, o surdo abre-se para a vida, torna-se anunciador da Boa-Nova e começa a atuar na sociedade. Jesus o faz perceber e o introduz num caminho de possibilidades diante do limite: ele ressignifica a vida do surdo e torna-se assim uma ponte para que participe de maneira ativa na sociedade.

O intérprete também estabelece no momento da interpretação "uma relação de mediador, que resgata o significado das palavras e transporta-as para uma outra língua, estabelecendo uma ponte entre duas culturas ou, se quisermos, entre duas línguas".[5]

Jesus tinha como meta o Reino de Deus. Essa deve ser também a meta de todas as pessoas ouvintes que desejam contribuir nesse serviço-doação. A exemplo de Jesus, o intérprete deve amar o próximo e comprometer-se com a vivência da comunhão e da solidariedade, e acima de tudo respeitar a vida do outro, nosso irmão, que, em nosso caso, é a pessoa surda. Essa atitude solidária de Jesus se integrava com o desejo de realizar o Reino de Deus na terra. Seu coração ardia pelo desejo de amar, de se entregar, principalmente por aqueles que a sociedade não acreditava, aqueles para quem a ajuda não causava fama, impacto ou sucesso; resgatava e defendia a vida, devolvia-lhes a participação na construção da cultura e da história. Jesus, "tradutor de Deus", do seu rosto, do seu amor misericordioso, vivia sempre numa atitude de abertura aos sinais do amor do Pai, que se manifestava no cotidiano e através do próximo. E seu gesto máximo foi doar-se até a morte e morte na cruz.

Olhando para a vida de Jesus, podemos encontrar vários elementos que ajudam a caracterizar e qualificar o intérprete, para que a sua missão não esteja apenas voltada para a clareza da comunicação e sua mediação, ou então simplesmente a interpretação da LIBRAS. Entretanto, na interpretação, no ser com o surdo, no desejo do Reino a ser implantado já, o compromisso com os direitos humanos precisa estar também traduzido

---

[5] Rosa, Andréa da Silva. A presença de intérprete de Língua de Sinais na mediação social entre surdos e ouvintes. In: Silva, Ivani R.; Kauchakje, Samira; Gesueli, Zilda Maria (orgs.). *Cidadania, surdez e linguagem*; desafios e realidade. São Paulo, Plexus, 2003.

nos olhares, nas expressões faciais e corporais, implícitos nos sinais, nas analogias, enfim na comunicação entre dois mundos diferentes, que por causa do Reino de Deus se dispõem a se encontrar, partilhar e juntos crescer no amor que liberta e conduz para um caminho cada vez maior na vivência da filiação de Deus, engajados na construção de um mundo novo, mais solidário e humano.

6.3 O I Encontro Nacional de Intérpretes

O I Encontro Nacional de Intérpretes Católicos (ENCICAT) aconteceu na cidade do Rio de Janeiro. Foi promovido pela Coordenação Nacional da Pastoral dos Surdos e pela equipe de intérpretes do Rio, no período de 24 a 26 de janeiro de 2003. Os objetivos principais foram:

- conhecer as múltiplas realidades e práticas desenvolvidas pelos intérpretes nas comunidades dos surdos, hoje presentes em dezoito estados do Brasil;
- iniciar a criação de um estatuto dos intérpretes católicos, partindo das ricas experiências de cada regional;
- buscar uma espiritualidade que sustente a missão e a vocação do intérprete dentro da comunidade eclesial.

A abertura do encontro iniciou-se com um rito de purificação das mãos, na entrada do auditório do Seminário Arquidiocesano de São José. O significado desse rito é a busca constante de uma transparência na comunicação entre o ouvinte e o surdo dentro da comunidade.

O coordenador *ad hoc* dos intérpretes, antropólogo e professor Éliton de Souza Costa, fez a abertura dos trabalhos e a composição da mesa, convidando Vicente Scofano Neto, Coordenador Arquidiocesano da Pastoral dos Surdos do Rio de Janeiro; Iracema Guimarães Müller, Coordenadora Regional Leste 1; Irmã Edite Casanova, Diretora do Instituto Nossa Senhora de Lourdes; Max Augusto, Diretor da Federação Nacional de Educação e Integração dos Surdos (FENEIS/RJ).

No dia 24, sábado, com a celebração da eucaristia pela manhã, todas as reflexões voltaram-se para a pessoa do surdo. A primeira reflexão abordou o tema: "A Igreja diante dos portadores de necessidades especiais"

(Professora Marilene Gonçalves); a segunda reflexão tratou do tema: "A espiritualidade do intérprete, algo a ser vivido no cotidiano da vida, uma proposta segundo o fundador da Pequena Missão para os Surdos, Giuseppe Gualandi" (Padre Delci Conceição Filho, pms). No período da tarde, foram desenvolvidas reflexões na área específica do intérprete e da psicologia: "O olhar sobre o intérprete" (Professor Marcus Vinícius, surdo e pós-graduado em administração e planejamento); "A psicologia do surdo, enfoques do cotidiano do surdo" (Psicóloga Gisele Monteiro).

No domingo, na Catedral de São Sebastião do Rio, participaram da missa de encerramento do I ENCICAT representantes das nove comunidades de surdos da cidade. Logo em seguida, os participantes do Encontro puderam visitar o Museu de Arte Sacra da Arquidiocese. Numa das salas da catedral, os intérpretes reunidos elegeram oficialmente o então coordenador Éliton de Souza Costa, o assessor espiritual e secretário, Padre Delci Conceição, e o coordenador da pesquisa e estudos de LIBRAS, Professor Marcos Gonçalves da Silva. Foram todos empossados e escolhidos os coordenadores regionais dos intérpretes. Na oportunidade também foi escolhida a cidade para sediar o II ENCICAT, Recife (PE), em 2005, no mês de janeiro.

A equipe de intérpretes do Rio sentiu-se honrada com a presença da Igreja. Ao todo, dez estados enviaram seus representantes, agora coordenadores regionais.

Algo inédito aconteceu nesse evento: uma equipe de surdos da catedral trabalhou na preparação das refeições. Superou a expectativa e a ansiedade de todos, pois experimentou o verdadeiro amor-serviço solidário entre os surdos e os ouvintes.

6.3.1 *Estatística do I ENCICAT*

Intérpretes por sexo	
Mulheres	68%
Homens	32%

Grau de escolaridade	
Fundamental	6%
Médio	23,5%

Superior	70,5%
Pós-graduação	
Especialização	17,7%
Mestrado	5,9%
Doutorado	5,9%

Cursos de graduação	
Pedagogia	17,7%
História	8,9%
Fonoaudiologia	7,9%
Teologia	5,9%
Gestão Recursos Humanos	4,5%
Serviço Social	5,9%
Química	5,9%
Filosofia	8,9%
Psicologia	2,9%
Ciências Sociais	2%

Curso de LIBRAS	
Já fizeram	76,5%
Nunca fizeram	23,5%

Formação/especialização na área da surdez	
Já participaram	41%
Nunca participaram	59%

Participação de representantes por regional (estado)	
Rio de Janeiro	19
Paraná	5
Pernambuco	3
Rio Grande do Norte	2
Distrito Federal	2
Mato Grosso do Sul	2
Santa Catarina	2
São Paulo	2
Goiás	1
Tocantins	1
Total	*39*

Conclusão

Uma das atividades mais recentes que a Coordenação Nacional dos Surdos realizou aconteceu em Itaici (Indaiatuba, SP) nos dias 5 e 6 de setembro de 2004. O encontro teve como objetivo principal conhecer e aprofundar o Documento 71 – Diretrizes Gerais da Ação Evangelizadora da Igreja no Brasil – Conferência Nacional dos Bispos do Brasil – CNBB. Isso significa que ao concluir as orientações da Pastoral dos Surdos e apresentar de forma concisa o Documento 71 da CNBB, reafirmamos nossa adesão total e nossa comunhão com as orientações da Igreja, como mãe e mestra aqui em nosso país. Pois essa comunhão não é apenas uma ligação direta e afinada com as suas diretrizes e afirmações, mas também uma comunhão que ultrapassa as fronteiras de nosso território, uma comunhão que chega até a Igreja de Jesus Cristo, sinal visível do sucessor de Pedro, na cátedra de Pedro, hoje dirigida pelo Papa Bento XVI. Do universal para o particular, a Pastoral dos Surdos está e estará sempre em sintonia e afinada com as orientações de cada pároco, de cada bispo em sua Igreja particular.

Os trabalhos em Itaici foram marcados por dois fortes momentos. No primeiro deles, aprofundou-se o documento, enviado aos coordenadores para uma leitura prévia. Três enfoques foram salientados no documento: a pessoa, a comunidade e a sociedade. As três dimensões que nos fazem mais humanos, mais gente, mais cidadãos e cristãos. Ao afirmar que as três dimensões estão relacionadas com a Palavra (Bíblia), com a liturgia (o culto comunitário ao Senhor) e a caridade (dom e serviço dentro da comunidade), testemunho generoso ao irmão.

Em cada dimensão abordamos em primeiro lugar a situação ou o ver da realidade da pessoa surda, situação essa que chamamos de "problemas".

Em seguida, apontamos pistas de "ações concretas" e posteriormente demos "prioridades" para um efetivo trabalho da pessoa surda em todas as potencialidades e dimensões.

Os trabalhos foram desenvolvidos em grupos e apresentados em plenário. No que se refere à pessoa surda, foram enfocados os seguintes:

Problemas da pessoa surda

A falta de comunicação: por comodismo ou preconceito a LIBRAS não é usada nas relações interpessoais, nos ambientes da família, da escola, nos meios de comunicação, na Igreja.

A discriminação ainda persiste em nosso meio. A identidade surda, o jeito de viver e conviver e de ser e estar no mundo da pessoa surda é desprezado e pouco valorizado. Dentro das comunidades cristãs falta o acolhimento verdadeiro à pessoa surda, desvalorizada em seu modo de ser e de se comunicar; isso acarreta desconfiança nas relações interpessoais. Nas comunidades de surdos ainda há pouca integração entre as pastorais e até mesmo entre as equipes internas dos surdos, por exemplo: intérpretes e catequistas surdos, coordenadores regionais e locais. Inexiste um projeto de estudos e de formação de agentes de pastoral, até mesmo na formação dos catequistas surdos. As famílias que têm filhos ou parentes surdos exercem uma relação de superproteção para com eles e não os permitem crescer e desenvolver suas dimensões afetiva, intelectual, sexual, profissional etc. Isso acarreta imaturidade e insegurança do caráter e personalidade da pessoa surda.

Pistas de ação para a pessoa surda

É preciso estruturar projetos de reuniões e encontros semanais com as famílias e os surdos. Nesses encontros, haveria partilha de problemas e dificuldades, que seriam acolhidos e, coletivamente, se encontrariam soluções viáveis.

A catequese, as escolas e as associações são espaços de encontro e de construção de relações afetivas e de pertença. Ao ser excluído de toda vida social o surdo vivencia situações de abandono e angústia. Os profissionais da saúde e os profissionais da educação necessitam de maior conhecimento da situação da pessoa surda. A divulgação pelos meios de comunicação e através das associações e grupos ligados às pessoas com deficiência auditiva se faz necessária em todos os locais de serviços da sociedade. Isso nos leva a uma demanda maior pela formação de líderes e de multiplicadores dos serviços e das necessidades dos surdos. Cabe também à Igreja e aos coordenadores estruturarem uma constante divulgação dos trabalhos desenvolvidos.

Prioridade da pessoa surda

A família, a formação integral e permanente dos agentes da pastoral e de líderes são os dois espaços que devem ser fomentados e instruídos para que o surdo tenha e construa ainda mais sua identidade e sua dignidade como pessoa surda.

Problemas da comunidade

A falta de acolhimento e de projetos impossibilita o entrosamento da Pastoral dos Surdos com as dioceses. Pode ocorrer um trabalho isolado e separado das diretrizes da comunidade paroquial e até mesmo das orientações da diocese. Os projetos da Pastoral dos Surdos devem ser encaminhados às Coordenações de Pastoral de Conjunto e às pessoas responsáveis para que tomem providências a respeito do que está sendo solicitado para um melhor trabalho de missão e de evangelização. Outro ponto importante é que, muitas vezes, os intérpretes querem assumir um papel de autonomia dentro da Pastoral. O entrosamento e os objetivos da missão devem estar pautados na missão e na evangelização dos surdos. O diálogo e a discussão devem acontecer sempre entre os coordenadores e os intérpretes a fim de buscarem uma unidade das atividades. Outro fator é a falta de comunicação dos projetos e das atividades. Os meios de comunicação como fax, telefone, e-mails e mesmo as cartas convencionais ainda são fundamentais para que todos recebam a mesma informação. Os surdos não têm a mesma facilidade que os ouvintes em acessar um telefone público ou mesmo residencial. O tempo dos surdos é outro.

A organização da estrutura nacional, regional e local das coordenações e dos agentes passa também pela intensa e permanente comunicação entre as coordenações. Existe também um certo conflito entre as modalidades de comunicação: LIBRAS e o oralismo. Muitos defensores de uma ou de outra não cultivam o diálogo e o respeito, e muitas vezes deixam de fazer um trabalho com os surdos por causa de uma política mais voltada para o oralismo ou para a comunicação gestual.

Outro ponto importante a destacar é a questão financeira das comunidades de surdos. O dízimo quase não é difundido e pouco se faz para torná-lo conhecido e assumido nas comunidades.

O trabalho com os jovens surdos é recente. Poucos são os programas e atividades dirigidos a eles. Os jovens surdos devem lutar por um espaço específico dentro da Igreja.

Pistas de ação para a comunidade

Elaboração de projetos para apoio dos trabalhos desenvolvidos nas instituições católicas. Constituir grupos de missão dentro da Pastoral dos Surdos. Os agentes seriam multiplicadores e através de visitas periódicas nas comunidades fortaleceriam as mesmas e tomariam providências com relação ao que não está sendo bem elaborado e efetivamente trabalhado.

Formação permanente de intérpretes, por meio de encontros regionais e nacionais. Desde 2003, os intérpretes vêm se reunindo nacional e regionalmente. Sempre nos anos ímpares, têm sido realizadas formação bíblica e teológica, atualização do curso de LIBRAS e partilha de experiências. Há necessidade de outros meios de celebração: momentos fortes da Palavra e do estudo, como, por exemplo, círculos bíblicos ou missão popular. A visita de agentes de pastoral junto às famílias dos surdos tem levado a avanços no crescimento e no fortalecimento dos surdos na sua caminhada de fé engajada.

Prioridade para a comunidade

A missão e a acolhida são duas vertentes importantes para dar continuidade à evangelização. As comunidades de surdos devem:
- Incentivar e criar mecanismos para o exercício da missão e do acolhimento aos novos surdos da comunidade.
- Formar agentes de pastoral através de cursos, formação bíblica e teológica.
- Buscar meios para que a falta de recursos financeiros não seja obstáculo para a evangelização.
- Obter recursos de acordo com as possibilidades e as necessidades de cada comunidade local ou regional.

Problema da sociedade

A sociedade brasileira está fortemente marcada por atitudes, gestos e comportamentos de exclusão e preconceito. Os grupos das minorias, e aqui podemos incluir os surdos, são também atingidos por ações que vão desde um simples olhar a posturas que marginalizam e não os deixam exercer sua voz e sua cidadania. Essa prática, muito comum e habitual em nosso meio, acarreta diversas violências dentro das famílias, no jeito de educar os filhos e nas relações sociais. A sexualidade é definida apenas por atos de prazer momentâneo, sem levar em conta o respeito, o diálogo e a sensibilidade do outro. As drogas e todo o mercado de tráfico não estão restritos apenas aos grandes centros urbanos e suas periferias, mas chegaram às cidades de porte médio. As relações estão marcadas pelo medo e pela desconfiança. O irmão tem medo do irmão.

Os surdos idosos são abandonados por suas famílias e pelas políticas públicas, uma vez que seus direitos não são respeitados e muitas vezes nem sequer conhecidos.

O surdo costuma ter problemas no acesso às possibilidades de usar e usufruir de comodidade e conforto. Aliás, ele encontra dificuldades até no que se refere ao seu direito de receber do governo e das instituições políticas um serviço digno e de qualidade. Como exemplo, pode ser citado o acesso restrito à saúde púbica, ao emprego e à cultura.

Dentro das comunidades cristãs, percebemos pouco trabalho inter-religioso e até mesmo ecumênico. Há necessidade urgente de uma abertura maior para o diálogo e para momentos celebrativos com os cristãos de outras confissões.

Pistas de ação para a sociedade

A Pastoral dos Surdos tem a função de colaborar para a divulgação da cultura surda, por meio de eventos e trabalhos que garantam a qualidade e o respeito dos ouvintes.

Uma educação para uma consciência mais crítica dos surdos passa também pelo conhecimento de seus direitos e da exigência dos órgãos públicos. É preciso elaborar material visual para o desenvolvimento de trabalhos nas comunidades e nas escolas. Fazem necessárias também a criação de cursos profissionalizantes e uma atualização de serviços e de mão-de-obra dos surdos competentes e habilitados para exercem com dignidade e competência sua profissão.

Após a exposição dos problemas ou da realidade, das suas necessidades ou ações concretas e a eleição das prioridades, cabe-nos apenas uma posição: agir.

Pouco ou nada mudará se, depois de conhecermos a realidade dos surdos em nossa comunidade e em nosso país, assumirmos uma atitude apenas de compaixão. A parábola do Bom Samaritano (Lc 10,25-37) pode aqui ser bem empregada: uma atitude de serviço desprendido e de doação; uma atitude de solidariedade, fundamentada no diálogo e no respeito à pessoa com deficiência.

A Campanha da Fraternidade de 2006 é uma grande celebração, um grande culto ao Deus, nosso Pai, por tantos caminhos feitos, na dureza do deserto, mas que, no decorrer de nossa peregrinação, temos a fé e a esperança de que, no amor, o caminho fica mais suave e mais leve. Esse é um forte convite a todos os homens e mulheres, jovens e crianças, idosos, surdos e ouvintes para que assumam a vocação de viver e buscar a verdadeira felicidade através da pista deixada por Jesus: as bem-aventuranças (Mt 5,1-12).

ANEXOS

1. Encontros nacionais da Pastoral dos Surdos

Caminhada dos Encontros Nacionais dos Surdos, Catequistas e Intérpretes:

1970 – I Simpósio de Catequese
Data: janeiro de 1970
Local: Brasília (DF)
Tema: "Catequese Especial para Surdos"
Organizadores: Padre Vicente Burnier e Padre Eugênio Oates e
                convidado Padre Augustín Yanes (surdo da Espanha)

1974 – Congresso de Terapia da Palavra
Data: maio de 1974
Local: Curitiba (PR)
Tema: "Palavra de Deus, melhor Comunicação"
Nasce a idéia dos encontros nacionais de dois em dois anos pelos diretores das escolas católicas.

1974 – I Seminário Brasileiro sobre Deficiência Auditiva
Data: 3 a 8 de novembro
Local: Instituto Nacional de Educação dos Surdos (INES), Rio de Janeiro (RJ)
Tema: "Atendimento ao DA e formação de pessoal especializado"

1975 – I Encontro das Escolas Católicas para Deficientes Auditivos
Data: 27 a 31 de janeiro
Local: CEAL Ludovico Pavonni, Brasília (DF)
Tema: "Aprofundamento da formação cristã para Deficientes Auditivos"

1977 – II Encontro das Escolas Católicas para Deficientes Auditivos
Data: 23 a 28 de janeiro
Local: Escola Épheta, Curitiba (PR)
Representantes: Porto Rico, Venezuela, Portugal, Uruguai e Espanha
                (Padre Augustín Yanes)
Tema: "Educação da fé nos colégios de Surdos"

1985 – III Simpósio de Escolas Católicas para Deficientes Auditivos
Data: 21 a 25 de janeiro
Local: CEAL - Ludovico Pavonni, Brasília (DF)
Tema: "As experiências dos trabalhos com DA e o Documento
   da Catequese Renovada"

1988 – IV Seminário Nacional de Educação e Ensino Religioso aos DA
Data: 1 a 5 de fevereiro
Local: ILES, Londrina (PR)

1990 – V Seminário Nacional de Pastoral dos Surdos
Data: 22 a 26 de janeiro
Local: Vinhedo (SP)

1992 – VI Encontro Nacional de Pastoral de Surdos (GRECATS)
Data: 24 a 27 de janeiro
Local: Casa de Retiros Betânia Franciscana, Campinas (SP)
Tema: "Surdos e a Catequese — a evangelização no Brasil"

1994 – VII Encontro Nacional de Pastoral dos Surdos (ENAPAS)
Data: 15 a 19 de janeiro
Local: Casa de Retiros Padre Anchieta, Rio de Janeiro (RJ)
Tema: "Diretrizes Gerais da Pastoral dos Surdos do Brasil" — CNBB

1996 – VIII Encontro Nacional de Pastoral dos Surdos (ENAPAS)
Data: 12 a 17 de janeiro
Local: Casa Santa Clara, Recife (PE)
Tema: "Surdo: caminhando como Igreja"

1998 – IX Encontro Nacional de Pastoral dos Surdos (ENAPAS)
Local: Colégio Agostiniano, Goiânia (GO)
Data: 7 a 11 de janeiro
Tema: "Pastoral dos Surdos rumo ao novo milênio/surdo: cultura,
   Identidade e Comunidade"

2000 – X Encontro Nacional de Pastoral dos Surdos (ENAPAS)
Data: 12 a 16 de janeiro
Local: Casa de Retiros da Porciúncula, Fortaleza (CE)
Tema: "O Reino de Deus está entre nós/Os surdos"

2002 – XI Encontro Nacional de Pastoral dos Surdos (ENAPAS)
Data: 17 a 20 de janeiro
Local: Centro Marista São Marcelino Champagnat, Curitiba (PR)
Tema: "Comunidades dos Surdos – missão e fidelidade ao Evangelho"

2004 – XII Encontro Nacional da Pastoral dos Surdos (ENAPAS)
Data: 15 a 18 de janeiro
Local: Casa de formação São Vicente Palotti, Campo Grande (MS)
Tema: "Comunidade de surdos: Lancem a rede"

2006 – XIII Encontro Nacional de Pastoral dos Surdos (ENAPAS)
Data: 18 a 22 de janeiro
Local: Casa de Encontros – Padres Claretianos, Brasília (DF)
Tema: "Fraternidade e Pessoas com Deficiência" — CF 2006

2. Encontros nacionais de catequese para surdos

1992 – I Encontro Nacional de Formação de Catequese para Surdos (ENFCAS)
Data: 21 a 25 de julho
Local: Casa Belém do Horto, Porto Alegre (RS)

1993 – II Encontro Nacional de Formação de Catequese para Surdos (ENFCAS)
Data: 20 a 24 de julho
Local: Casa Fillipo Smaldone - Irmãs Salesianas dos Sagrados Corações, Brasília (DF)

1995[1] – III Encontro Nacional de Formação de Catequese para Surdos (ENFCAS)
Data: 27 a 31 de janeiro
Local: Casa de Retiros Santíssima Trindade, Belo Horizonte (MG)

3. Encontros nacionais de intérpretes católicos (ENCICAT)

2003 – I ENCICAT
Data: 24 a 26 de janeiro
Local: Seminário Arquidiocesano de São José, Rio de Janeiro (RJ)

2005 – I ENCICAT
Data: 10 a 13 de janeiro
Local: Casa de Acolhida Santa Clara, Recife (PE)

2006 – III ENCICAT
Data: 18 a 22 de janeiro
Local: Padres Claretianos, Brasília (DF)

2007 – IV ENCICAT
Data: a confirmar
Local: São Luís (MA)

---

[1] A partir de 1995, os encontros de catequistas surdos foram realizados por regionais.

4. Endereços de congregações religiosas e sacerdotes atuantes na Pastoral dos Surdos

Irmãs de Nossa Senhora do Calvário
Rua Tiquatira, 230
Bosque da Saúde
04137-110 – São Paulo (SP)
Tel.: (11) 5581-8353 – Irmã Larissa

Instituto Felippo Smaldone
Trav. 14 de março, 854
Umarizal
66055-490 – Belém (PA)
Tel.: (91) 222-9630

Instituto Londrinense de Educação de Surdos
(Irmãs da Pequena Missão para Surdos)
Rua Madre Tonina Ugolimi, n 35, Jd. Caravelle
86039-150 – Londrina (PR)
Tel.: (43) 3339-4168

Instituto Severino Fabriani
Rua Odilon Chaves, 39, Jd. Nazaré
08150-560 – Itaim Paulista (SP)
Tel.: (11) 6135-1824 – Irmã Benê

Padre Ricardo Hoepers
Paróquia São Francisco de Paula
Rua Desembargador Motta, 2500
80430-200 – Curitiba (PR)
Tel.: (41) 3223-7924

Padre Jeová Toscano de Medeiros
Rua Barão de Guaxupé, 280
João Pinheiro
30530-160 – Belo Horizonte (MG)
Tel.: (31) 3375-3091

Padre Volmir Francisco Guisso (surdo)
Rua Dona Alzira, 25/202
Sarandi, Passo da Mangueira
91110-010 – Porto Alegre (RS)

Padre Delci da Conceição Filho, pms
Rua Comandante Carlos Alberto, 181
Jd. Caravale
86039-150 – Londrina (PR)
Tel.: (43) 3325-8105

Padre Hélio de Jesus (surdo)
Rua São Pantaleão (Casa Paroquial)
Centro
65054-000 – São Luís (MA)
Tel.: (98) 3222-5205

Frei Sílvio Tadeu Mascarenhas, ofm
Rua Borges Lagoa, 1209
Vila Clementino
04038-033 – São Paulo (SP)
Tel.: (11) 5575-8708

Padre Nirceu Keri
Rua Sumaré, 635
Jd. Novo Campos Elíseos
13050-550 – Campinas (SP)
Telefax: (19) 3227-9706

Padre Vilson Dias de Oliveira, dc
Rua Dr. Júlio Prestes, 69
Cx. Postal 47, Centro
11250-000 – Bertioga (SP)
Tel.: (13) 3317-1838 / Fax: (13) 3317-7564

Padre Mauro Luiz da Silva
Rua Santo Tomás de Aquino, 387
Vila Santa Rita de Cássia
30330-530 – Belo Horizonte (MG)
Tel.: (31) 3282-4946 / 3423-8552

Padre Jânison de Sá Santos
(Coordenador Nacional bíblico-catequético /CNBB)
SE/Sul, quadra 801, Conjunto B, Asa Sul
70401-900 – Brasília (DF)
Tel.: (61) 313-8300 / 313-8303

Padre Francisco de Assis Apolônio
Rua José Agostinho, 136
Meireles
60160-020 – Fortaleza (CE)
Tel.: (85) 219-5761

Padre Jayme Henrique de Oliveira
Rua Albino Paiva, 376
Senador Camará
21830-490 – Rio de Janeiro (RJ)
Tel.: (21) 3159-4501

Padre Ivanilson Mendes
Rua Pe. Pavoni, 294
38700-000 – Patos de Minas (MG)
Tel.: (34) 822-3890

Monsenhor Vicente de Paulo Penido Burnier
Rua Dom Silvério, 461
36026-450 – Juiz de Fora (MG)
Tel.: (32) 3234-1580

BIBLIOGRAFIA

CNBB. *Diretrizes Gerais da Ação Evangelizadora da Igreja no Brasil 2003-2006.* São Paulo, Paulinas, 2003.

Concílio Vaticano II. *Constituições, Decretos, Declarações.* 19. ed. Petrópolis, Vozes, 1987.

Congregação para o Clero. *Diretório Geral para Catequese.* São Paulo, Paulinas, 1998.

Felipe, Tanya A. Sistema de flexão verbal na Libras: os classificadores enquanto marcadores de flexão de gênero. In: Anais do Congresso (de 18 a 20 de setembro de 2002). *Surdez e pós-modernidade*; novos rumos para a educação brasileira. Rio de Janeiro, INES, 2002. pp. 37-38.

Garcez, Nydia Moreira. *E os surdos ouvirão*; orientações para uma catequese aos deficientes auditivos. Produção própria.

III Conferência Geral do Episcopado Latino-americano – Puebla. *Evangelização no presente e no futuro da América Latina.* São Paulo, Paulinas, 1979.

IV Conferência Geral do Episcopado Latino-americano – Santo Domingo. *Nova evangelização, cultura cristã e inculturação.* 2. ed. Petrópolis, Vozes, 1993.

Perrenoud, Philippe. *Escola e cidadania.* Porto Alegre, Artmed, 2003.

Quadros, Ronice Muiler de. *Tradutor intérprete na LBS e língua portuguesa.* Brasília, MEC, 2002. (Programa de Apoio à Educação de Surdos.)

Sacks, Oliver. *Vendo vozes*; uma jornada pelo mundo dos surdos. Rio de Janeiro, Imago, 1989.

Silva, Ivani R.; Kauchakje, Samira; Gesueli, Zilda Maria. *Cidadania, surdez e linguagem*; desafios e realidades. São Paulo, Plexus, 2003.

Skliar, C. B. A localização política da educação bilíngüe para surdos. In: _____. (org.). *Atualidades na educação bilíngüe para surdos.* Porto Alegre, Mediação, 1999. 2 v.

_____. Abordagem socioantropológica em educação especial. In: _____. (org.). *Educação e exclusão*; abordagem socioantropológicas em educação especial. Porto Alegre, Mediação, 1997.

Souza, R. M. *Que palavra que te falta*; lingüística, educação e surdez. São Paulo, Martins Fontes, 1998.

PRODUÇÃO

**Coordenação Nacional da Pastoral
dos Surdos – ENAPAS
2004-2006**
Amélia Paque – *Campinas (SP)*
Padre Ricardo Hoepers – *Curitiba (PR)*

**Coordenação Nacional
dos Intérpretes – ENCICAT
2005-2007**
Jurandir Júnior – *Recife (PE)*
Frei Sílvio Mascarenhas, ofm – *São Paulo (SP)*
Cesar Bacchim – *Rio de Janeiro (RJ)*
Irmã Larissa Pissinatti – *São Paulo (SP)*
Maciel Alves da Silva – *São Paulo (SP)*
Marta Casalecchi Pimentel – *São Paulo (SP)*

Informações sobre a Pastoral dos Surdos no Brasil
www.effata.org.br

Sumário

Apresentação 5

Introdução 7

Capítulo 1
Retrospectiva histórica 11
   1.1 Os surdos na história da humanidade 11
   1.2 História da Pastoral dos Surdos no Brasil 14

Capítulo 2
Surdos: uma perspectiva pastoral 21
   2.1 Objetivos da Pastoral dos Surdos 21
   2.2 Fundamentação dos documentos da Igreja 22
   2.3 As quatro dimensões de atuação 25

Capítulo 3
A ação evangelizadora da Pastoral dos Surdos 31
   3.1 O evangelizador 31
   3.2 A comunidade de surdos 31
   3.3 A cultura dos surdos 32
   3.4 Os agentes solidários 32
   3.5 A conjuntura atual 32
   3.6 A pessoa surda 32
   3.7 A língua de sinais 32
   3.8 As identidades surdas 33

Capítulo 4
A organização da Pastoral dos Surdos 35
   4.1 Nas paróquias, dioceses e arquidioceses 35
   4.2 Os passos para a fundação de uma comunidade de surdos .. 35
   4.3 A coordenação local nas paróquias 36
   4.4 O dízimo nas comunidades de surdos 37
   4.5 A escolha da equipe da coordenação nacional 37
   4.6 As funções e as responsabilidades 37

CAPÍTULO 5
ABORDAGEM CATEQUÉTICA 43
    5.1 As atividades da Pastoral: mãos a serviço da vida
    e da evangelização 43
    5.2 O catequista surdo: perfil de sua missão eclesial
    e sua espiritualidade 44
    5.3 Temas básicos para a catequese de surdos.........................47
    5.4 Alguns desafios... 48

CAPÍTULO 6
PASTORAL DOS SURDOS E A MISSÃO DOS INTÉRPRETES..49
    6.1 A atualidade do intérprete 50
    6.2 A espiritualidade do intérprete cristão..................................55
    6.3 O I Encontro Nacional dos Intérpretes 59

CONCLUSÃO..63
    Problemas da pessoa surda.. 64
    Pistas de ações para pessoa surda.. 64
    Prioridade da pessoa surda 64
    Problemas da comunidade..65
    Pistas de ação para a comunidade 66
    Prioridade para a comunidade 66
    Problema da sociedade.. 66
    Pistas de ação para a sociedade.. 67

ANEXOS...69
    1. Encontros nacionais da Pastoral dos Surdos...........................69
    2. Encontros nacionais de catequese para surdos 71
    3. Encontros nacionais de intérpretes católicos (ENCICAT)..........71
    4. Endereços de congregações religiosas e sacerdotes
    atuantes na Pastoral dos Surdos 72

BIBLIOGRAFIA..75

Cadastre-se no site
www.paulinas.org.br

Para receber informações
sobre nossas novidades
na sua área de interesse:

• Adolescentes e Jovens • Bíblia • Biografias • Catequese
• Ciências da religião • Comunicação • Espiritualidade
• Educação • Ética • Família • História da Igreja e Liturgia
• Mariologia • Mensagens • Psicologia
• Recursos Pedagógicos • Sociologia e Teologia.

Telemarketing 0800 7010081

Impresso na gráfica da
Pia Sociedade Filhas de São Paulo
Via Raposo Tavares, km 19,145
05577-300 - São Paulo, SP - Brasil - 2006